你的样子 中国的样子

我的学习评论

许宝健◎著

国家行政学院出版社
NATIONAL ACADEMY OF GOVERNANCE PRESS
·北京·

图书在版编目（CIP）数据

你的样子　中国的样子 / 许宝健著 . — 北京：国家行政学院出版社，2022.9

ISBN 978-7-5150-2638-1

Ⅰ . ①你…　Ⅱ . ①许…　Ⅲ . ①时事评论—中国—文集　Ⅳ . ① D609.9-53

中国版本图书馆 CIP 数据核字（2022）第 043149 号

书　　名　你的样子　中国的样子——我的学习评论
　　　　　NI DE YANGZI　ZHONGGUO DE YANGZI
　　　　　——WO DE XUEXI PINGLUN
作　　者　许宝健

特约编辑　李瑞琪
责任编辑　王　莹
出版发行　国家行政学院出版社
　　　　　（北京市海淀区长春桥路 6 号　100089）
综 合 办　（010）68928903
发 行 部　（010）68928866
经　　销　新华书店
印　　刷　北京盛通印刷股份有限公司
版　　次　2022 年 9 月北京第 1 版
印　　次　2022 年 9 月北京第 1 次印刷
开　　本　160 毫米 ×230 毫米　16 开
印　　张　20.5
字　　数　209 千字
定　　价　65.00 元

本书如有印装问题，可联系调换，联系电话：（010）68929022

目录

CONTENTS

你的样子　中国的样子

豪情满怀进入新时代

发扬“主动干精神”

1800和1800

坚决不能让北京“沦陷”

让汉语更多地“进入”英语

你的样子　中国的样子

疫情背景下的奥运会，依旧吸引了很多人的目光，特别是首个比赛日，中国代表团表现如何？谁能夺得首金？在众目期盼之下，杨倩脱颖而出。我注意到，海内外媒体在报道中特别提到她是一位“00后”，是一位清华大学的在读学生；还特别提到她说的一句话：这枚金牌是献给建党100周年的一份礼物。在整个比赛过程中，杨倩给我留下最深刻印象的是两个特写镜头：一个是举枪瞄准那一刻所透出的专注、沉稳、冷静和自信；一个是站在高高的领奖台上，伸出双臂，在头顶做了一个大大的“爱心”状，笑眼弯弯，即使戴着口罩也会让人受到强烈感染。紧接杨倩之后，登上最高领奖台的，是侯志慧，是孙一文……短短两天，已有7位中国运动员夺得金牌。他们矫健的身姿、自信的笑容，随着国旗的升起、国歌的演奏，齐刷刷展示在世人面前。这是中国青年的样子！这是青春中国的样子！

难忘记，中国共产党成立100周年庆典在天安门广场举行。在7万多人的队伍中，青少年方队格外引人注目，他们代表全国青少年，以青春之姿态，以青年之力量，向党致以青春的礼赞，抒发“请党放心、强国有我”的铮铮誓言。

由此追溯到100年前，13位平均年龄28岁的青年人，他们聚集在上海法租界的一个住宅里，继而转移到嘉兴南湖的一条游船上，他们谋划了一起开天辟地的大事变，彻底改变了旧中国的面貌。也许，那个时候他们站在红船的船头，已然看到了28年后中国的样子，100年后中国的样子。

习近平总书记指出："一百年前，一群新青年高举马克思主义思想火炬，在风雨如晦的中国苦苦探寻民族复兴的前途。一百年来，在中国共产党的旗帜下，一代代中国青年把青春奋斗融入党和人民事业，成为实现中华民族伟大复兴的先锋力量。""未来属于青年，希望寄予青年。"

今天，我们可以站在巨轮的船头看世界，我们意气风发，信心百倍，我们可以清晰地看到中国15年后的样子、30年后的样子，甚至100年后的样子。

同时，世界也在看我们。青年朋友，你们今天的样子，决定中国15年后的样子、30年后的样子、100年后的样子。今天你们的样子，就是未来中国的样子！

豪情满怀进入新时代

站上新起点实现新飞跃

中华民族五千年，国强民富一直是不变的梦想；世界社会主义五百年，人间正道永远是追寻的目标。马克思主义让社会主义从空想变成了科学，中国共产党让社会主义从理论变成了实践。一代又一代共产党人在曲折中探索、在实践中总结、在思考中升华，终于，我们用两个词标注了社会主义的历史方位：中国特色，初级阶段。

改革开放以来，特别是党的十八大以来，我们紧紧围绕坚持和发展中国特色社会主义这个主题，牢牢把握社会主义初级阶段这个最大国情，牢牢立足社会主义初级阶段这个最大实际，更准确地把握我国社会主义初级阶段不断变化的特点，从历史和现实、理论和实践、国内和国际的结合上进行思考，清晰准确地认清中国特色社会主义的时代坐标：站上新起点，进入新阶段。

习近平总书记在省部级主要领导干部专题研讨班重要讲话中深刻指出，党的十八大以来，在新中国成立特别是改革开放以来我国发展取得的重大成就基础上，党和国家事业发生历史性变革，我国发展站到了新的历史起点上，中国特色社会主义进入了新的发展阶段。

站上新的历史起点，进入新的发展阶段，这是一个重大观点，也是一个重大判断。作出这样的重大判断，我们有充分的理由、十足的底气。只有社会主义才能救中国，只有中国特色社会主义才能发展中国。党的十八大以来，中国特色社会主义不断取得的重大成就，世界瞩目，宣示了近代以来久经磨难的中华民族实现了从站起来、富起来到强起来的历史性飞跃，社会主义在中国焕发出强大生机活力并不断开辟发展新境界，中国特色社会主义拓展了发展中国家走向现代化的途径，为解决人类问题贡献了中国智慧、提供了中国方案。

站在历史新起点，我们要不忘初心，登高望远，继往开来。“来而不可失者，时也；蹈而不可失者，机也。”我们前所未有地靠近世界舞台中心，前所未有地接近实现中华民族伟大复兴的目标，前所未有地具有实现这个目标的能力和信心。我们即将全面建成小康社会，实现第一个百年奋斗目标，实现向人民、向历史作出的庄严承诺。全面建成小康社会后，我们要继续为实现第二个百年奋斗目标而努力，进而实现中华民族伟大复兴的中国梦。

进入发展新阶段，我们要把握新要求，完成新任务，迎接新挑战。坚持辩证唯物主义和历史唯物主义的方法论，准确把握我国经济社会发展的阶段性特征，准确把握我国社会主义初级阶段不断变化的特点，既要看到成绩和机遇，也要看到困难和挑战；

既要从最坏处着眼，做最充分的准备，也要朝好的方向努力，争取最好的结果。

站上新起点，进入新阶段，我们要满怀信心实现新飞跃。即将召开的党的十九大，是在全面建成小康社会决胜阶段、中国特色社会主义发展关键时期召开的一次十分重要的大会，将提出事关党和国家事业继往开来、中国特色社会主义前途命运、最广大人民根本利益的具有全局性、战略性、前瞻性的行动纲领，以习近平同志为核心的党中央将带领全党全国人民踏上建设社会主义现代化国家的新征程，实现中国特色社会主义新飞跃。

本文原载于《学习时报》2017年8月9日

豪情满怀进入新时代

5年，在人类历史长河中仅是一瞬；5年，也可以是惊涛拍岸，大潮叠起，永远为人类历史所铭记。党的十八大以来，以习近平同志为核心的党中央率领全党全国人民走过的5年，就是为人类历史所铭记的5年。

2017年10月18日上午，世界瞩目北京人民大会堂，全球倾听中国共产党总书记的“报告”。在讲到党的十八大以来的5年，习近平总书记用“党和国家发展进程中极不平凡的5年”来概括。“极不平凡”，短短四个字，凡是一同经历过的8900多万共产党员中的每一位同志，960多万平方公里上的每一位人民群众，乃至关心中国命运和兴衰的每一位海外朋友，都有深深的体悟、无限的感慨、无比的自豪。

5年来，世界在变，中国也在变。世界变得越来越看不懂，让人疑虑甚至彷徨；中国变得越来越清晰，越来越自信，让人羡慕甚至称奇。

中国之变是全方位的、开创性的，更是深层次的、根本性的。体现在经济建设取得重大成就，国内生产总值从54万亿元增长到80万亿元，对世界经济增长贡献率超过30%；体现在全面深化改革取得重大突破，5年推出1500多项改革举措；体现在民主法治建设迈出重大步伐、思想文化建设取得重大进展；还体现在人民生活不断改善、生态文明建设成效显著；也体现在强军兴军开创新局面、港澳台工作取得新进展、全方位外交布局深入展开；更体现在全面从严治党成效卓著。用两句我们耳熟能详的话说就是：解决了许多长期想解决而没有解决的难题，办成了许多过去想办而没有办成的大事。这些历史性变革，对党和国家事业发展具有重大而深远的影响，对世界和人类的发展同样具有重大而深远的影响。

中国之变表明：我国发展正处于一个新的历史方位；中国之变宣示：中国特色社会主义进入了新时代。中国共产党带领中国人民豪情满怀进入新时代！

旗帜引领方向，道路决定命运。改革开放之初，我们党发出了走自己的路、建设中国特色社会主义的政治宣言；面对世界社会主义的风雨飘摇，我们更加坚定了走中国特色社会主义道路的信念。新中国的成立证明，只有社会主义能够救中国。改革开放的成功证明，只有中国特色社会主义能够发展中国。进入新时代证明，在世界范围内，只有中国才能让科学社会主义在21世纪焕发出强大生机活力。进入新时代，我们要更高地举起中国特色社会主义伟大旗帜，更加坚定中国特色社会主义道路自信、理论自信、制度自信、文化自信。

新时代有新内涵，也有新任务、新目标。习近平总书记指出，这个新时代，是承前启后、继往开来、在新的历史条件下继续夺取中国特色社会主义伟大胜利的时代，是决胜全面建成小康社会、进而全面建设社会主义现代化强国的时代，是全国各族人民团结奋斗、不断创新美好生活、逐步实现全体人民共同富裕的时代，是全体中华儿女勠力同心、奋力实现中华民族伟大复兴中国梦的时代，是我国日益走近世界舞台中央、不断为人类作出更大贡献的时代。

当然，新时代会带来许多新变化，其中最引人注目的变化是社会主要矛盾的变化。习近平总书记强调，中国特色社会主义进入新时代，我国社会主要矛盾已经转化为人民日益增长的美好生活需要和不平衡不充分的发展之间的矛盾。这一发现和判断意义十分重大。

社会主义初级阶段主要矛盾的论断，是1981年党的十一届六中全会提出的，即“在现阶段，我国社会的主要矛盾是人民日益增长的物质文化需要同落后的社会生产之间的矛盾”。经过近40年的迅速发展，我国“落后的社会生产”状况已经有了根本性的改观，及时提出社会主要矛盾转化，对进入新时代确立新的发展目标、新的发展任务、新的发展方式、新的发展动力都具有十分重要的意义。我国社会主要矛盾的变化事关全局，要求我们在今后的发展中，下更大力气解决好发展不平衡不充分的问题，下更大力气提升发展质量和效益，下更大力气满足人民在经济、政治、文化、社会、生态多方面日益增长的需要。

本文原载于《学习时报》2017年10月20日

坚定不移用新思想指引新征程

改革开放以来特别是党的十八大以来波澜壮阔的伟大实践，怎能不带来实践基础上的理论创新！进入新时代，开辟新征程，建设富强民主文明和谐美丽的社会主义现代化强国，怎能离开新思想的指引！习近平新时代中国特色社会主义思想就是在继往开来中应运而生的。

党的十九大报告将十八大以来的理论创新成果概括为习近平新时代中国特色社会主义思想，并作为我们党的指导思想长期坚持并不断发展，这是大会取得的重大成果之一，体现了全党全国人民的意志，反映了全党全国人民的愿望，彰显了党在指导思想上的与时俱进。

人的思想是从哪里来的？不是天下掉下来的，也不是头脑里固有的，而是从实践中得来的。一个执政党的指导思想是从哪里来的？同样也是在实践发展基础上理论创新的结果。它是我们党艰苦奋斗、艰辛探索、艰难跋涉历程的浓缩，是顺境与逆境、成功与失败、经验与教训的提纯。我们党每一个重大理论创新成果，都是从理论和实践的结合上回答时代提出的课题，每一次指导思想的与时俱进，都会在过去和未来的交汇中凝聚起开创新征程的强大力量。

一种重大理论和思想的诞生，是一个政党全体成员乃至一个国家全体人民智慧的结晶，而这个政党的领袖无疑贡献最大。作为马克思主义中国化的又一次新飞跃和最新成果，习近平新时代中国特色社会主义思想的形成，是中国共产党和中国人民实践经验和集体智慧的结晶，习近平总书记作为党的领袖，发挥了关键性、统领性的作用，作出了开创性、系统性的贡献，是习近平总书记使命精神、担当精神以及大无畏革命精神的集中体现。

党的十八大以来，习近平总书记站在时代前沿，有效应对国内外重大挑战，围绕坚持和发展中国特色社会主义这个时代主题，就中国特色社会主义发展的总目标和总任务、总体布局和战略布局、发展方向和发展方式以及发展动力、战略步骤、外部条件、政治保证等基本问题，不懈探索，深刻思考，取得了突破性成果。这些成果集中体现在习近平总书记系列重要讲话精神和治国理政新理念新思想新战略当中。党的十九大阐明习近平新时代中国特色社会主义思想，是势所必然，水到渠成。习近平新时代中国特色社会主义思想是习近平总书记系列重要讲话精神和治国理政新理念新思想新战略的进一步凝练、深化和升华，是新时代的要求、新实践的要求，是更高地举起中国特色社会主义旗帜的要求，是坚定地走好中国特色社会主义道路的要求。

历史交汇，征程再启，新思想让我们登高望远，心明眼亮。新思想告诉我们，坚持和发展中国特色社会主义，总任务是实现社会主义现代化和中华民族伟大复兴，在全面建成小康社会的基础上，分两步走在21世纪中叶建成富强民主文明和谐美丽的社会主义现代化强国。新思想告诉我们，新时代我国社会主要矛盾是人民日益增长的美好生活需要和不平衡不充分的发展之间的矛盾。新思想告诉我们，总体布局是“五位一体”、战略布局是“四个全面”。新思想告诉我们，全面深化改革总目标是完善和发展中国特色社会主义制度、推进国家治理体系和治理能力现代化。新思想告诉我们，全面推进依法治国总目标是建设中国特色社会主义法治体系、建设社会主义法治国家。新思想告诉我们，新时代的强军目标是建设一支听党指挥、能打胜仗、作风优良的人民军队，把人民军队建设成为世界一流军队。新思想告诉我们，中国特色大国外交要推动构建新型国际关系，推动构建人类命运共同体。新思想告诉我们，中国特色社会主义最本质的特征是中国共产党领导，中国特色社会主义制度的最大优势是中国共产党领导，党是最高政治领导力量。

作为一个具有丰富内涵的理论体系，需要我们认真学习、深刻领会，全面准确贯彻落实。习近平新时代中国特色社会主义思想与基本方略紧密相连。党的十九大报告分别从坚持党对一切工作的领导等十四个方面对基本方略进行了阐述，基本方略与党的基本理论、基本路线共同形成党在新时代的“三个基本”，我们要长期坚持、全面贯彻。

第一个百年目标已经触手可及，第二个百年目标更加清晰。全世界都能听到我们向着中华民族伟大复兴中国梦目标不懈前行的铿锵足音。有了习近平新时代中国特色社会主义思想的指引，我们在决胜全面建成小康社会，开启全面建设社会主义现代化国家新征程的征途中，一定能够战胜一切困难，砥砺前行。

本文原载于《学习时报》2017年10月25日

奇迹背后是制度

中国共产党是勇于创造奇迹的政党。从1921年建党，党带领中国人民经过28年浴血奋战，建立了中华人民共和国，实现了中国人民站起来的历史飞跃，这是多么了不起的人间奇迹！新中国成立以来，党带领人民不断探索社会主义道路，建立和完善社会主义制度，取得经济、政治、文化、社会、生态等一系列重大成就，综合国力大幅提升，国际影响力大幅提升，中华民族迎来了从站起来、富起来到强起来的伟大飞跃。党的十九届四中全会将70年来的伟大成就概括为“两大奇迹”，即“世所罕见的经济快速发展奇迹和社会长期稳定奇迹”。

“世所罕见”的判断是恰如其分的，也是世所公认的。世界上有近200个国家，有20多个发达国家，对照其发展历史，特别是今日之现状，“世所罕见”的认同感和自豪感无不自国人心底油然而生。同时，我们也可以在世界各地的公正媒体和专家评论中得到强有力的印证。

我们不能忽视了“两大奇迹”前面的限定词。在经济发展奇迹前还有“快速”两个字。究竟有多快？世界发达国家完成工业化历程，用了几百年时间，而我国仅用了70年。权威数字很清楚：国内生产总值由1952年的679亿元到1978年的3679亿元，再到2018年突破90万亿元。1978年到2018年我国经济年均增长率达到9.4%，而同期世界经济平均增速是2.9%。2018年我国人均国民收入达到9732美元，已稳居中等收入国家，正在向高收入经济体迈进。

快速发展奇迹表达在数字上，更体现在人们的感受里。我1987年来到北京，有时自豪地对人讲，我是看着北京“长大”的。是的，我来北京的时候，北京还没有二环呢，全立交改造的二环路是1992年9月完成的。记得通车的时候媒体还不断提醒司机，没红绿灯也不能开得太快。再看今天的北京，一环又一环，从硬设施到软环境，和世界上任何一座大城市相比，其现代化程度都难分伯仲。至于连接全国各地的高速公路、高速铁路，则让人们体会到了因出行快速而提升的愉悦。

在社会稳定前面也有一个限定词，叫“长期”。70年来我们在前进的道路上也遭遇过一些严重挫折，也经历过一些重大考验，也迎头撞上一些不期而遇的风险，一些人也曾怀有深深的忧虑，但是在中国共产党的坚强领导下，我们都顺利地渡过了一个又一个难关，持续保持了国家政治和社会大局的稳定，同时取得建设和改革一系列重大成就，这在世界人口第一的大国，是多么不容易啊！

对比更有说服力，在对比中也感受得更深刻。看看一些国家吧，政党纷争，政权更迭，暴力蔓延，枪击不断，世界上哪个国家最安全？到网上读一读广大网友的留言和评论，自然就会得出结论。刚刚经历了国之大典，那坚定的声音、那壮观的景象，是对“奇迹”最直观、最生动的诠释，也无不让国人深切感到作为中国人的自豪和荣誉。

“奇迹”两个字，现代汉语解释是极难做到的、不同寻常的事情。我国经济快速发展和社会长期稳定，绝不是随随便便就能得来的，其背后蕴含着深刻的制度背景和制度依据。可以说，“两大奇迹”是我国国家制度所具有显著优势具体而生动的体现。

党的领导是实现“两大奇迹”的根本保证。党领导人民创造了“两大奇迹”，这是70年实践的证明，也是70年历史的结论。历史告诉我们，在昨日之中国，没有任何别的政党能够让中国人民站起来。在今日之中国，没有任何别的政治力量能够带领人民创造人类发展史上的奇迹。党的十九届四中全会把坚持党的领导的制度作为根本领导制度加以突出强调，是把中国共产党领导作为中国特色社会主义最本质特征和中国特色社会主义制度最大优势更有力的彰显和最充分的发挥，是确保未来之中国如期建成社会主义现代化强国、实现中华民族伟大复兴中国梦的最根本制度安排。

中国特色社会主义是实现“两大奇迹”的根本道路。道路决定方向，道路创造奇迹。只有中国共产党才能创造中国特色社会主义制度，只有中国特色社会主义道路才能越走越宽广，才能创造越来越多的奇迹。党的十九届四中全会把党和人民在长期实践探索中形成的中国特色社会主义制度作为全会的主题，强调要从制度体系的高度坚持和完善，并与国家治理体系和治理能力现代化相映衬，是把当代中国发展进步的根本制度保障进一步落实到国家治理各领域各层面各环节的重大举措。

社会主义基本经济制度是实现“两大奇迹”的根本动力。作为中国特色社会主义制度的特征之一，在改革开放实践中，我们破除社会主义和市场经济相对立的观念束缚，逐步建立完善社会主义市场经济体制，极大地解放和发展了生产力，释放和激发了各类市场主体的活力。党的十九届四中全会把社会主义市场经济体制，按劳分配为主体、多种分配方式并存及公有制为主体、多种所有制经济共同发展三项制度并列，共同作为社会主义基本经济制度，在理论和制度层面，是对社会主义基本经济制度的丰富和深化，在实践上，也必将对更好发挥社会主义制度优越性，进一步解放和发展生产力、推动经济高质量发展，产生重大影响。

本文原载于《学习时报》2019年11月22日

义无反顾担当历史使命

世界上没有一个政党像中国共产党这样，从一诞生就把一个民族的梦想扛在肩上。世界上也没有一个政党像中国共产党这样，为了这一历史使命，始终初心不改，矢志不渝，无论是弱小还是强大，无论是顺境还是逆境。经过96年艰苦卓绝的奋斗，今天，我们终于可以自豪地说，我们比历史上任何时期都更接近、更有信心和能力实现中华民族伟大复兴的目标。

历史自有历史的逻辑。“更接近、更有信心和能力”绝不是凭空而来的。中国共产党是历史的选择，中国共产党的使命也是历史的选择。在中华民族危难时刻，历史也曾提供舞台，各个政党、各种主义、各种主张轮番上台，轮番表演，但是再努力，再使出浑身解数，再声嘶力竭，最后也都是昙花一现，很快便退出历史舞台。只有中国共产党，从小到大，从弱到强，率领人民推翻“三座大山”，建立了新中国。历史选择了中国共产党，中国共产党也改变了历史的方向和面貌，创造了新的历史。

中国共产党的历史使命是历史赋予的，也是人民赋予的。中国共产党越战越勇，越挫越强，就是因为她来自人民，始终与人民在一起，始终代表人民大众利益，始终有人民的滋养强筋壮骨，始终为人民的美好生活而奋斗和牺牲。

中国共产党的历史使命更是时代赋予的。经过了96年的不懈努力和艰苦探索，我们在坚持社会主义基本制度的基础上，开辟出中国特色社会主义道路。事实证明，这是一条正确的道路，是一条光明的道路，顺应了历史的要求和时代的潮流，体现了中国共产党人的政治智慧。改革开放近40年来，这条道路越走越宽广，这面旗帜越举越鲜亮，吸引了越来越多世人的目光。

党的十八大以来，以习近平同志为核心的党中央举旗定向，纵横捭阖，大手笔谋划国内国际大局，大气魄治党治国治军，大力度推进改革开放发展，取得了全方位、开创性的历史性变革和深层次、根本性的伟大成就，一举把中国特色社会主义推进新时代。

习近平总书记在党的十九大报告中开宗明义：不忘初心，牢记使命。中国共产党人的初心和使命，就是为中国人民谋幸福，为中华民族谋复兴。这个初心和使命是激励中国共产党人不断前进的根本动力。

党的十九大召开之前，全世界都在猜想：这个拥有8900多万党员、领导13多亿人口的世界上最大的执政党，究竟会在党的十九大上谋划什么？究竟会如何影响中国未来走向和世界发展趋势？随着习近平总书记庄严雄厚的声音响彻人民大会堂，传遍世界各个角落，这个谜底终于揭开，中国共产党人在党的十九大上谋划的就是中华民族伟大复兴的大计。可以说，党的十九大是在中国特色社会主义进入新时代的背景下，向世人宣示历史使命的大会。

时代至新，不忘初心；不忘初心，牢记使命。即使我们已经前所未有地走近世界舞台的中心，但是，正如习近平总书记所指出的，中华民族伟大复兴，绝不是轻轻松松、敲锣打鼓就能实现的。面对新时代的新形势、新困难、新挑战，一路风雨、一身荣光走来的中国共产党人异常清醒，准备付出更为艰巨、更为艰苦的努力。

实现伟大梦想，必须进行伟大斗争，必须建设伟大工程，必须推进伟大事业。斗争之所以伟大，是因为我们是在为历史使命而斗争，无论多么复杂、多么艰巨，必须不断夺取斗争的新胜利；工程之所以伟大，是因为我们是在为历史使命而建设，没有共产党的领导，中国梦必然是空想；事业之所以伟大，是因为我们是在为历史使命而成就，失去“四个自信”，要么走上封闭僵化的老路，要么走上改旗易帜的邪路；而梦想之所以伟大，是因为我们的梦想就是我们的历史使命。使命呼唤担当，使命引领未来，使命凝聚磅礴力量，激励中华儿女不断奋进，开启全面建设社会主义现代化国家新征程。

本文原载于《学习时报》2017年10月23日

跨越关口的迫切要求

关口，原义是指通往一个地区的山口、隘路。语出《史记·滑稽列传》："洛阳有武库、敖仓，当关口，天下咽喉。"引申意义是指起决定作用的时机或转折点。

党的十九大报告在一处使用了"关口"一词：建设现代化经济体系是跨越关口的迫切要求和我国发展的战略目标。

以前讲到中国经济时我们经常看到的比喻是"爬坡过坎"，这次报告中用"跨越关口"作比喻，显然说明我国经济发展到了更为关键的时期，也到了更为艰难的时期。正如习近平总书记在报告中指出的，"我国经济已由高速增长阶段转向高质量发展阶段，正处在转变经济发展方式、优化经济结构、转换增长动力的攻关期"。攻关期能否成功度过，能否尽快度过，是新时代发展面临的重大课题。正是在这种背景下，党的十九大首次提出建设现代化经济体系的重大任务。

30多年来，我国经济在改革红利、制度红利、人口红利等多重优势综合作用下，迅速增长，连创奇迹，稳稳成为世界第二大经济体。但发展的成本也很高，代价也很大，教训也很沉重。可以说，我国经济一路高歌猛进，却始终伴随一对矛盾，这就是体量和质量的矛盾。就像一个人一样，当营养不良时，多吃快长但不注意均衡生长，很容易就变成一个大胖子，看起来块头大了，但并不健康。这时候怎么办？要减肥，但不是减重，而是要把同等质量的脂肪变成肌肉，实现强身健体。

为了让中国经济减脂、增肌、塑形，党的十八大以来，以习近平同志为核心的党中央作出了经济发展进入新常态的重大判断，阐明了供给侧结构性改革的主线，提出了去产能、去库存、去杠杆、降成本、补短板的五项重大任务。我国经济发展保持了中高速增长，并且向中高端水平迈进。党的十九大提出建设现代化经济体系，必将极大地促进我国经济由高速增长阶段转向高质量发展阶段，实现历史性阶段转换。

首提现代化经济体系，是党的十九大报告众多“新”中的一个很重要的新思想，它更强调经济结构的系统性和均衡性，更要求发展方式的质量第一和效益优先，更着力增长动力的创新力和竞争力，更有利于推动经济发展的三大变革，即质量变革、效率变革、动力变革。

为什么要提出建设现代化经济体系？这既是我国经济发展阶段性转换的迫切要求，是跨越关口的迫切要求，也是新时代我国社会主要矛盾变化的迫切要求，是解决矛盾主要方面的迫切要求。建设现代化经济体系，就是要着力构建市场机制有效、微观主体有活力、宏观调控有度的经济体制，不断增强经济的创新力和竞争力，就是要进一步解放和发展生产力，实现更高质量、更有效率、更加公平、更可持续的发展。

如何建设现代化经济体系？一言以蔽之，贯彻新发展理念。发展理念关乎发展方向、发展目的、发展方式、发展动力，也关乎发展变革、发展效率、发展成败。对我国这样一个最大的发展中国家来讲，有了新发展理念的指引，中国特色社会主义发展道路才能越走越宽广。作为习近平新时代中国特色社会主义思想的重要内容，新发展理念是我们要长期贯彻的指导思想。建设现代化经济体系，是立足当前发展阶段性转化和长远发展战略目标提出的重大任务，要毫不动摇地将新发展理念贯穿始终。

建设现代化经济体系，着力点放在哪里？毫无疑问必须放在实体经济上，所以要深化供给侧结构性改革，把提高供给体系质量作为主攻方向。战略支撑是什么？毫无疑问是引领发展的第一动力——创新，所以要加快建设创新型国家。农村处于什么位置？毫无疑问“三农”问题仍是全党工作的重中之重，所以要实施乡村振兴战略。区域发展不平衡的问题如何解决？毫无疑问要把大力度支持革命老区、民族地区、边疆地区、贫困地区加快发展放在更加突出位置，所以要实施区域协调发展战略。经济体制改革重点是什么？毫无疑问，必须以完善产权制度和要素市场化配置为重点，实现产权有效激励、要素自由流动、价格反应灵活、竞争公平有序、企业优胜劣汰，所以要加快完善社会主义市场经济体制。对外开放如何进一步推进？毫无疑问中国开放的大门不会关闭，只会越开越大，所以必须推动形成全面开放新格局。

发展是我们党执政兴国的第一要务。解决新时代社会主要矛盾、实现“两个一百年”奋斗目标，都必须坚定不移推动经济持续健康发展。建设现代化经济体系，是实现高质量发展的必由之路，我们要深刻理解党的十九大报告提出的关于建设现代化经济体系的六个方面的论述，以供给侧结构性改革为主线，着力加快建设实体经济、科技创新、现代金融、人力资源协同发展的产业体系，尽快实现“关口”的跨越。

本文原载于《学习时报》2017年11月3日

把改革的旗帜举得更高

再过十多天，历史的脚步将迈入2018年的门槛。2018年，中国将迎来改革开放40周年。发端于40年前的这场改革，是决定当代中国命运的关键一招，是改变跨世纪中国历史底色的浓重一笔。

40年来，在中国共产党领导下，中国人民凭着一股逢山开路、遇水架桥的闯劲，凭着一股滴水穿石的韧劲，成功走出一条中国特色社会主义道路。改革是中国共产党最具魅力的标识，是全中国人民最大的共识，是中国高速列车隆隆前行的不竭动力。改革改变了整个国家的面貌，丰富了人民的物质生活和精神状态，塑造了中国走向世界舞台中央的昂扬姿态。

改革是一项长期的、艰巨的、繁重的事业，必须一代又一代接力下去。党的十八大以来，以习近平同志为核心的党中央接过改革接力棒，面对改革进入攻坚期和深水区的新形势，以更大的政治勇气、智慧和大无畏精神，系统谋划改革，全力推进改革，全面深化改革，把改革推向新阶段和新境界。

党的十九大报告对十八大以来全面深化改革所取得的伟大历史性成就作出了高度概括：改革全面发力、多点突破、纵深推进，着力增强改革系统性、整体性、协调性，拓展改革广度和深度，推出1500多项改革举措，重要领域和关键环节改革取得突破性进展，主要领域改革主体框架基本确立。中国特色社会主义制度更加完善，国家治理体系和治理能力现代化水平明显提高，全社会发展活力和创新活力明显增强。改革开放迎来40周年，最隆重的纪念，就是要把改革的旗帜举得更高，把改革的决心宣示得更坚定，把改革的步子迈得更扎实，把党的十九大确定的改革任务落实得更好。

40年改革开放再出发。我们清醒认识到，改革历程不平凡，进一步改革不容易。改革已经从走红地毯变成爬坡过坎涉险滩，已经从全民普遍受益变成利益格局调整，已经从“摸着石头”变成“啃硬骨头”，已经从“分蛋糕”到“动奶酪”。但是再难再险，改革这条路我们也要坚定不移地走下去。

2018年既是改革开放40周年，也是贯彻党的十九大精神的开局之年，是决胜全面建成小康社会、实施“十三五”规划承上启下的关键一年。党的十九大对新时代改革作出了全面部署和统筹安排，改革将伴随现代化强国建设的全过程，也是决定“两个一百年”奋斗目标、实现中华民族伟大复兴的关键一招。每年都有每年的改革任务，每年都要向改革的总目标前进一步。隆重纪念改革开放40周年，改革的力度一定会更大，也完全可以更大一些。

明确习近平总书记为党中央核心、全党的核心，使全面深化改革有了坚强的领导核心。党的十八大以来，围绕全面深化改革，习近平总书记作出了一系列重要论述，进一步坚定改革意志，正确把握改革方向，统筹实施改革方案，坚持正确改革方法，这些论述成为习近平新时代中国特色社会主义思想的重要组成部分。习近平新时代中国特色社会主义思想是改革再出发的根本遵循。

我们明确了全面深化改革的总目标。党的十九大进一步把完善和发展中国特色社会主义制度、推进国家治理体系和治理能力现代化，作为全面深化改革的总目标，使全面深化改革有了鲜明的目标指向。同时，“坚持全面深化改革”作为新时代基本方略之一，是改革再出发的行动纲领。

改革是有方向、有立场、有原则的。方向决定道路，道路决定命运。我们要毫不犹豫地高举改革旗帜，也要毫不动摇地坚定改革方向，在改革的立场和原则上保持定力，既不走封闭僵化的老路，也不走改旗易帜的邪路，坚定不移走中国特色社会主义道路，坚持“改革是在中国特色社会主义道路上不断前进的改革”。

进入新时代，开启新征程，改革也站在新的起点上。以纪念改革40周年为契机，我们要把改革的旗帜举得更高。

本文原载于《学习时报》2017年12月20日

把高质量发展作为根本共识

思想的阻力是最大的阻力，观念的障碍是最大的障碍。一项政策设计得再好，如果执行政策的人想不通，想不清楚，那政策效果就会大打折扣。

党的十九大对我国经济发展作出了一个重大判断，那就是由高速增长阶段转向高质量发展阶段。刚刚闭幕的中央经济工作会议指出，中国特色社会主义进入了新时代，我国经济发展也进入了新时代，基本特征就是我国经济已由高速增长阶段转向高质量发展阶段。推动高质量发展，是保持经济社会持续健康发展的必然要求，是适应我国社会主要矛盾变化和全面建成小康社会、全面建设社会主义现代化国家的必然要求。可以说，推动高质量发展是当前和今后一个时期确定发展思路、制定经济政策、实施宏观调控的根本要求，全党全社会必须牢固树立高质量发展意识，把高质量发展作为根本共识。

最近，与几位地方领导交流，谈起学习党的十九大精神都是侃侃而谈、头头是道，学习不能说不深入。但是说起地方发展，你突然发现，又回到老思维、老路子、老办法上去了。这种现象不是个别的。看来实现经济发展的“转向”不是一件容易的事情，不是上面说了下面就紧跟着做了。“转向”也是一场革命，首先是思想的革命、观念的革命。

改革开放40年来，我国经济快速增长，一跃成为世界第二大经济体，对世界经济的贡献率稳稳超过30%。无疑，我们所津津乐道的发展成就是和经济的高速增长分不开的。从两位数以上到“八九不离十”，从“七上八下”到六点五以上，虽然增速呈下降趋势，但始终保持世界经济增速领先地位。追求高速增长，是世界上“赶超型”国家的普遍特征。我国实现了高速稳定增长，不仅使经济总量和国家综合实力日益扩大、稳步提高，而且这种高速增长所带来的成就感和荣誉感，也使很多人形成了深深的速度情结，患上了懒懒的路径依赖。

实际上，成为世界第二大经济体也好，对世界的贡献率超过30%也好，都不是轻轻松松、敲锣打鼓就能得来的，而是付出了很大的代价，带来了一系列难以逆转的资源问题、环境问题、生态问题等，所以，随着发展阶段的演进，发展观念必须要有根本性的转变，发展方式也必须要有根本性的转变。党的十八大以来，以习近平同志为核心的党中央立足发展新阶段发展环境、条件、任务、要求的新变化，提出我国经济发展进入新常态的重大判断，落实创新、协调、绿色、开放、共享的新发展理念，推动供给侧结构性改革，以发展观念转变引领发展方式转变，以发展方式转变推动发展质量和效益提升。五年来的经济发展成就是推动经济由高速增长阶段转向高质量发展阶段的结果。

推动经济高质量发展，首先要解决认识问题、思想问题、观念问题，这一点对做经济工作的同志和地方领导干部尤为重要。要充分认识到，党中央这一重大决策不是随随便便作出的，它对我国经济发展具有划时代的意义；充分认识我国发展方式不转变不行，转变慢了也不行；充分认识这既是一个重大判断，更蕴含着坚定不移的决心和信心。我们要从政治高度增强促进转变、实现转变的使命感、责任感和紧迫感，尽快形成全党的共识、全社会的共识。

本文原载于《学习时报》2017年12月22日

以思维方式变革推动经济高质量发展

2018年两会期间，习近平总书记在参加内蒙古代表团审议时强调，我国经济已由高速增长阶段转向高质量发展阶段。现在，我国经济结构出现重大变化，居民消费加快升级，创新进入活跃期，如果思维方式还停留在过去的老套路上，不仅难有出路，还会错失良机。在这里，习近平总书记特别指出了思维方式的决定性作用，警示老套路的思维方式对经济发展的极大负面影响，强调思维方式变革对实现经济发展阶段性转换、推动经济高质量发展的重大意义。

思维方式这么重要，那究竟什么是思维方式呢？它是指在一定发展阶段，实践主体按照自身的需要创造和使用思维工具，去理解和把握客体的思维活动样式，是实践主体对客体对象反映过程中形成的思维惯性定势。简单说，思维方式就是看待事物、思考问题的根本方法，它的最大特点就是有一定惯性，改变起来不那么容易。

党的十九大报告强调我国经济已由高速增长阶段转向高质量

发展阶段，指明建设现代化经济体系的战略目标，提出推动经济发展质量变革、效率变革、动力变革的三大任务要求。怎么转？怎么建？怎么变？毫无疑问，人是最关键的因素，人的思维方式对经济发展的方式具有决定性影响，思维方式变革是“三大变革”的前提，必须增强思维方式变革的紧迫感，以思维方式变革推动经济高质量发展。

思维方式变革要有破有立，破立并举。所谓破，首先要改变老套路的思维方式，要从老套路的思维方式中解放出来。时代变了，环境变了，要求变了，思维方式不变，经济发展就不可能有新气象、新面貌。正如习近平总书记所说，就不仅难有出路，还会错失良机。

不可否认，老套路的思维方式在很多人头脑中还根深蒂固。比如，认为靠山吃山，因而坐吃山空。把资源当作经济发展的唯一条件，不看生态环境，不讲能否持续，只顾眼前利益，只重显性数字，GDP一时上去了，光鲜的背后却付出了沉重的代价，教训极为深刻。

再比如，认为要素投入就能带来高增长，因而忽视全要素生产率提高。我国经济发展质量不高，投入产出效率低是一个重要方面。必须彻底打破高投入高产出的旧有观念，把主要依靠要素投入数量的增长，转向更多依靠全要素生产率提高。

所谓“立”，就是要牢固树立创新、协调、绿色、开放、共享的发展理念，让新发展理念在思想上生根、行动上落地，主动适应社会主要矛盾的变化，积极创造更好满足人民日益增长的美好生活需要的发展。

思维方式变革是一个艰苦的过程，也是一个生动的过程。变了有出路，变了见机遇，变了天地宽。习近平总书记为我们树立了好榜样，他提出的“既要金山银山，也要绿水青山”“宁要绿水青山，不要金山银山”“绿水青山，就是金山银山”的“两山”理论，鲜明诠释了思维方式变革的演进过程，是思维方式变革的典范。我们要在领导经济工作和经济实践中认真学习领会，不断增强思维方式变革的动力，学习思维方式变革的方法，体味思维方式变革的过程，共享思维方式变革的成果。

思维方式变革是经济发展阶段性转换的迫切需要，也是自我革命的题中之义。我们要认真学习习近平总书记两会重要讲话精神，充分认识思维方式变革的重要意义，主动变革，自觉变革，以思维方式变革推动经济高质量发展，以思维方式变革赢得经济高质量发展。

本文原载于《学习时报》2018年3月28日

贯彻新发展理念，为什么要完整准确全面？

2021年3月5日下午，习近平总书记在参加十三届全国人大四次会议内蒙古代表团审议时强调，新发展理念是一个整体，必须完整、准确、全面理解和贯彻。

完整、准确、全面理解和贯彻新发展理念，这不是习近平总书记第一次强调了，2021年以来，他在多个重要会议上反复强调这个问题。

1月11日，习近平总书记在省部级主要领导干部学习贯彻党的十九届五中全会精神专题研讨班上就强调，全党必须完整、准确、全面贯彻新发展理念，并提出要从根本宗旨、问题导向、忧患意识三个方面把握新发展理念。

1月28日，中央政治局进行第二十七次集体学习，习近平总书记再次强调，全党必须完整、准确、全面贯彻新发展理念。新发展理念是一个整体，无论是中央层面还是部门层面，无论是省级层面还是省以下各级层面，在贯彻落实中都要完整把握、准确理解、全面落实，把新发展理念贯彻到经济社会发展全过程和各领域。

2月19日下午，习近平总书记主持召开中央全面深化改革委员会第十八次会议并发表重要讲话，强调全面深化改革同贯彻新发展理念、构建新发展格局紧密关联，要完整、准确、全面贯彻新发展理念。

习近平总书记反复强调要完整、准确、全面贯彻新发展理念，究竟有何用意？有什么深意？问题来自实践，来自实际。

我们知道，新发展理念是一个系统的理论体系，回答了关系发展的目的、动力、方式、路径等一系列理论和实践问题，阐明了我们党关于发展的政治立场、价值导向、发展模式、发展道路等重大政治问题。贯彻新发展理念，是全党的重要政治要求和重大政治任务。

从学习的角度来理解新发展理念是一个整体并不难，在贯彻中坚持做到完整、准确、全面却并不是一件容易的事。各个部门有各个部门的定位和工作重点，各个地区也有各个地区的实际和特殊情况，如果过于强化本位意识，在贯彻新发展理念中就必然会出现偏好，出现选择，出现不完整、不准确、不全面。不完整就是畸轻畸重，甚至以偏概全；不准确就是为我所需，什么好抓就抓什么，哪里容易出政绩就在哪里用劲；不全面就是只注重某一过程或某些领域。产生不完整、不准确、不全面的问题和现象，原因是复杂的，表现也是多方面的，危害是很大的，绝不能不重视，不仅要高度重视，而且要从政治上看问题，从政治上高度重视。各地区各部门都要按照习近平总书记的指示要求，对贯彻新发展理念是否完整、准确、全面的问题，来一次彻底的检视。

完整把握、准确理解、全面落实新发展理念，不仅是对领导干部政治能力的要求，也考验着把握全局的本领和抓工作的本事，既要把新发展理念贯彻到经济社会发展全过程和各领域，也要善于抓主要矛盾和矛盾的主要方面，抓影响构建新发展格局、实现高质量发展的突出问题。不管处于哪个层面、哪个环节，对创新发展、协调发展、绿色发展、开放发展、共享发展，在贯彻工作中都要予以关注，做到协同发力，形成合力。就部门来讲，各部门既要按照自身职责抓好新发展理念涉及本部门的重点工作，也要考虑本部门工作对贯彻新发展理念全局的作用和影响。就地区来讲，各地区要根据自身条件和可能，既要全面贯彻新发展理念，又要紧紧抓住短板和弱项重点推进，还要避免两种倾向，一是脱离实际蛮干硬干的倾向，一是为了出政绩不顾条件什么都想干的倾向。

完整、准确、全面贯彻新发展理念，对确保“十四五”时期我国发展开好局起好步具有重要意义，同时又贯穿新发展阶段的全过程。各部门、各地区、各级领导干部要坚决按照党中央部署和习近平总书记指示，迈好贯彻新发展理念的每一步，一步一个脚印，步步踏踏实实，久久为功，就会出人民满意的、经得起历史检验的政绩，就会出能力和水平不断提高的、经得起实践考验的干部。

本文原载于《学习时报》2021年3月12日

完整准确全面理解新发展理念
检验政治领悟力

——再议“贯彻新发展理念要完整准确全面”

写完《贯彻新发展理念，为什么要完整准确全面？》评论之后，觉得没有说得太透彻。没说透彻，是因为自己理解得还不深入，因此要继续学习领会和交流请教。在继续学习中感到，习近平总书记的许多重要论述，就是要反复学习，跟进学习，绝不能指望轻轻松松就掌握了。事实证明，持续学习就会不停地有收获、有感悟。同时，交流请教也是一种学习的方式。关于完整准确全面理解和贯彻新发展理念，一位地方领导干部的话就很有代表性，也很有启发。他说：明白每一个新发展理念的意思不难，深入理解不容易；认识新发展理念的重要意义不难，整体把握不容易；一般性强调“完整准确全面理解”不难，真正贯彻落实不容易。这“三个不容易”集中说明了学习和贯彻新发展理念的问题和难点。

党中央提出新发展理念已有5年多时间。这期间，大家的学习不能说不下功夫，贯彻落实的成效也不能说不显著。但是在理解和贯彻过程中也反映出一些突出问题，这些问题主要表现在把握是否完整、理解是否准确、落实是否全面上，这也是2021年以来习近平总书记反复强调要完整准确全面理解和贯彻新发展理念的深意所在。

理解是贯彻的基础和前提。对新发展理念，完整准确全面理解，才能完整准确全面贯彻。新发展理念讲的不是一般的发展问题，而是事关发展的政治立场、发展道路等重大政治问题；对领导干部的考验不仅仅反映在贯彻落实层面，而是在理解领悟环节就开始了；考验的也不是领导干部一般的能力，而是政治领悟力、政治执行力。就理解而言，能否做到像习近平总书记要求的那样，完整准确全面理解，就能够检验出领导干部的政治领悟力强不强。

领悟力是大智慧，不是小聪明。政治领悟力领悟的是政治，是对政治的领悟，必须站在讲政治的高度来看待。新发展理念阐明的是重大政治问题，完整准确全面理解和贯彻就是重大政治要求；领导干部要对国之大者心中有数，习近平总书记反复强调的就是国之大者；“两个维护”不是笼统的口号和理念，而是要落实在实际行动上和具体工作中，按照习近平总书记的要求去做，就是做到“两个维护”的具体体现。站的位置越高，认识就会越深刻，差距也会看得越清楚，也就越有自我警醒、自我提升的要求和动力。

既然完整准确全面理解新发展理念检验的是政治领悟力，那么怎么才能交上一份合格的答卷呢？抄是抄不来的，装也是装不出的，唯一正确的途径就是持续学习、深入领会、反复思考、不停感悟。党的十八届五中全会以来，习近平总书记就学习和贯彻新发展理念进行了一系列重要论述。2021年以来又反复强调完整准确全面理解和贯彻新发展理念，作出了一系列新论述。前不久在福建考察时习近平总书记又强调，推动高质量发展，首先要完整准确全面贯彻新发展理念。新发展理念和高质量发展是内在统一的，高质量发展就是体现新发展理念的发展。这一系列重要论述和新论述，既反映了我们对新发展理念认识的不断深化，也是对实践发展所反映出来的问题，不断提出新要求。可以说，习近平总书记关于新发展理念的重要论述，本身也形成了一个前后贯通、逐层递进的体系。我们在学习和领悟新发展理念的时候，要按照一个体系来把握，绝不能捡了芝麻丢了西瓜，抓不住重点；也绝不能学了后边忘了前边，“狗熊掰棒子”。要把新发展理念自身的理论体系和习近平总书记关于新发展理念的论述体系贯通起来学习、领会、思考、感悟，以更加深刻地理解习近平总书记关于新发展理念重要论述的内涵要义和实践要求。

不断提高对完整准确全面理解新发展理念的政治领悟力，过河的“桥”和“船”就很重要。这“桥”和“船”是什么呢？就是系统观念。党的十九届五中全会将坚持系统观念作为“十四五”时期经济社会发展必须遵循的原则之一，上升到这个高度，坚持系统观念就不仅是一种思维方式和工作方法了，而是一种政治要求。在学习贯彻新发展理念上，系统观念强，政治领悟力就会强，对新发展理念的把握就会更加完整准确全面。

本文原载于《学习时报》2021年3月31日

完整准确全面贯彻新发展理念
检验政治执行力

关于完整准确全面贯彻新发展理念，我写过两篇评论文章，一篇是《贯彻新发展理念，为什么要完整准确全面？》，另一篇是《完整准确全面理解新发展理念检验政治领悟力——再议“贯彻新发展理念要完整准确全面”》。时隔8个月之后的这篇《完整准确全面贯彻新发展理念检验政治执行力》，算是“三议”了。

对于贯彻新发展理念这样一个事关我国发展根本问题的“国之大者”，2021年以来习近平总书记又在多次会议上、多次赴各地考察中、多次重要指示批示中予以强调。仅从赴各地考察的新闻报道看，2月份赴贵州，3月份赴福建，4月份赴广西，5月份赴河南，6月份赴青海，7月份赴西藏，8月份赴河北承德，9月份赴陕西榆林等，不管到哪个地方，不管考察的主题和重点是什么，总书记无一例外地都强调要完整准确全面贯彻新发展理念。

新发展理念提出以来，各地各部门高度重视，我国发展形势出现了新的局面，但与党中央和总书记的要求仍然存在一些差距，有的地方差距还比较大，这既有政治站位问题，也有思想认识问题，还有落实执行问题。各级领导干部是贯彻新发展理念的主体和中坚，要对照“政治三力”的要求，来一次全面的检视，从政治站位、思想认识、落实执行三个层面检视在贯彻新发展理念方面存在的问题和不足。从深刻认识新发展理念提出的时代背景和重大意义，检验政治判断力；从完整准确全面理解新发展理念，检验政治领悟力；从完整准确全面贯彻新发展理念，检验政治执行力。政治判断力、政治领悟力最终都要落脚到政治执行力上。贯彻新发展理念有偏差的地方和部门，就是政治执行力不到位、不彻底的地方和部门。要结合当前经济社会发展中出现的问题和现象，从贯彻新发展理念上找根源，深刻检视政治执行力。

检视对贯彻新发展理念在内心深处的树立牢固不牢固。把党中央的大政方针、把“国之大者”真正置于内心深处本身就是一个政治执行力的问题。要在心中牢固树立新发展理念，不能留有腾挪空间，这个重要的来了挪挪位置，那个重要的来了挪挪位置，顺风顺水时就牢固，风雨来袭时就动摇。只有真正内化于心，才能在任何时候都外化于行。新发展理念是需要在不断加深理解中付诸实践的，也是在不断实践中加深理解的，这是一个动态的、无缝连接的过程，而不是静态的、割裂的概念。检验贯彻新发展理念的根本标准，归根结底要看贯彻新发展理念的成果是不是体现新发展理念的根本要求。因此，这个过程既是提高政治判断力、政治领悟力的过程，更是提高政治执行力的过程。

检视对贯彻新发展理念的整体把握彻底不彻底。任何一个地区、任何一个部门，都是大局的局部、整体的部分，我们的任何一项工作也都是立足于本地区、本部门的实际，但是如果我们不从大局和整体着眼，在东谋东、在西谋西，东西之外，与我何干，那么我们谋的发展和利益很可能只是局部和部分的，而对大局和整体来讲是不利的甚至是有损害的，对大局和整体有损害的所谓发展和利益，只能是暂时的，不可能是持续的。我们总说新发展理念是一个整体，关键的关键，是贯彻上把它当作一个整体，在整体的把握上必须做到彻底。不管处在什么位置、哪个环节，也不管什么时候、什么情况下，都要有大局观、整体观，对本部门、本地区有利，对全局和整体有利的事要做，对本部门、本地区不利，对全局和整体有利的事也要做。

检视全面贯彻新发展理念的本事足够不足够。完整准确全面贯彻新发展理念，对各级领导干部的能力和本领提出了新的更高的要求。我们要从讲政治的高度、按照提高政治执行力的要求，不断提高贯彻新发展理念的本领。贯彻新发展理念是一场硬仗，而且是长期的硬仗，没有本事不行，有一点小本事也不行，要有足够的本事才行。当前特别要强调抓统筹的本事。我们面临的发展形势越来越复杂，发展与安全等的矛盾越来越突出，如果我们不坚持系统联系的观点，不善于抓统筹，既看不到青萍之末，又看不清青萍之后，就可能在新问题新挑战面前举措失据，按下葫芦起来瓢，老问题未解决，新问题又出现，或者解决了一个问题，却引发了两个问题甚至更多问题。

本文原载于《学习时报》2021年11月10日

中国是真开放

文学家说，人间最美四月天。但四月也有烦恼，虽说春天的脚步不可阻挡，但在暖意袭来时，在路上总有杨花柳絮让人躲无可躲。

世界事也如自然界一样。比如，经济全球化的洪流滚滚向前。但总有一股逆流翻起很大的浪花，弄出很大的动静，搅得地球村村民很不安宁。这个时候，世界迫切需要听到中国的声音，翘首期盼中国发挥中流砥柱的作用。

4月10日，在世界瞩目的博鳌亚洲论坛2018年年会开幕式上，习近平主席发表了《开放共创繁荣，创新引领未来》的主旨演讲。可以说，这是新时代中国的开放宣言。接着，习近平主席在庆祝海南建省办经济特区30周年大会上发表重要讲话，提出海南要坚持开放为先，实行更加积极主动的开放战略，再次彰显我国扩大对外开放、推动经济全球化的决心和信心。再接着，习近平主席会见世界经济论坛主席施瓦布，深刻指出，封闭最终只能走进死胡同，只有开放合作，道路才能越走越宽广。他还特别强调，大国在这方面承担着重要而特殊的责任。

短短数日，中国最高领导人以扩大开放为主题，向世界发出最强音。中国新时代进一步开放的大决心、大举措、大气度、大格局，充分彰显了这样一个简单明了的事实：中国是真开放。

改革开放40年的历程，充分证明中国是真开放。40年来，我们坚持对外开放基本国策，成功实现从封闭半封闭逐步到全方位开放的伟大转折；坚持以开放促合作、促发展，在合作发展中大幅度提升了我国综合国力，改变了中国的面貌，重塑了中国的形象；坚持在开放中展现大国担当，走和平开放道路，为世界作出贡献，成为全球经济增长的主要稳定器和动力源。可以说，当今世界，没有哪个国家能像中国这样真诚地敞开胸襟、拥抱世界；没有哪个国家能像中国这样，既坚持对外开放、合作共赢，又强调独立自主，开辟中国特色社会主义道路，充满了道路自信；也没有哪个国家能像中国这样，全体人民都能在全方位开放中获得对美好生活的深刻感受和憧憬，因而焕发出空前的积极性、主动性、创造性。所以在任何情况下，中国都不会关上开放的大门，重回封闭半封闭的时代。

进一步开放的庄严承诺，充分证明中国是真开放。2018年是改革开放40周年，从去年党的十九大到刚刚闭幕的博鳌亚洲论坛，习近平总书记在多个场合多次强调，中国开放的大门不会关闭，只会越开越大。中国将继续扩大开放，开放不止步，坚定不移奉行互利互赢的开放战略，坚持引进来和走出去并重，推动形成开放新格局，为人类作出更大贡献。中国的承诺是诚心诚意的，也是庄严神圣的。

扩大开放的重大举措，充分证明中国是真开放。过去40年中国经济发展是在开放条件下取得的，未来中国经济实现高质量发展也必须在更加开放条件下进行。习近平主席在博鳌亚洲论坛2018年年会开幕式上一口气宣布了扩大对外开放的四项重大举措，接着在庆祝海南建省办经济特区30周年大会上又宣布，支持海南全岛建设自由贸易试验区，这一系列重大举措吸引了全世界的目光，引起强烈反响，不管某些国家个别舆论如何歪曲解读，中国扩大对外开放是主动的、真正的、有说服力的。

本文原载于《学习时报》2018年4月23日

中国扩大开放对世界有利

中国新时代扩大开放引发世界强烈关注和反响，这是再自然不过的。如果说改革开放之初我们的开放还主要是立足于国内发展的话，那么，随着改革开放的深入，随着在开放中的迅速发展，中国与世界的关系早已是你中有我、我中有你，你离不开我、我离不开你了，也早已是一损俱损、一荣俱荣，荣损与共、福祸相依了。在开放合作中共同发展，在互联互通中实现共赢，是大势所趋、滚滚潮流，也是世界各国经济社会发展的必然逻辑、唯一选择。

中国已经成为世界第二大经济体、第一大工业国、第一大货物贸易国、第一大外汇储备国，事实证明，中国对外开放对世界有利，新时代中国扩大对外开放只能对世界更有利。

必须看到，中国已深度融入世界，中国的发展就是世界的发展。40年来，中国从封闭半封闭到全方位开放，从学习、适应世界，到敞开胸怀拥抱世界、融入世界，变成世界的一部分，中国自身发展越来越成为世界发展的重要组成部分。无论是国内生产总值年均增长9.5%，还是按现行联合国标准成功减贫7亿多人口，中国人民的砥砺奋进、春风化雨，在改变自身面貌的同时，也改变了世界的面貌、人类发展的进程。我们不会主动关上打开的大门，个别国家和人士也不可能把中国推向“世界”之外，让中国与世界分离。从这个意义上说，任何有全球观、有正义感的人士，都会为中国的开放发展、和平发展而感到高兴。

必须看到，开放的中国对世界的贡献越来越大。从引进来到走出去，从应对亚洲金融危机到应对国际金融危机，从连续多年对世界经济增长贡献率超过30%，到为人类发展贡献中国智慧、中国方案，这些理念和数字，早已变成越来越多国家和民众看得见摸得着的福祉。仅就超过30%的增长贡献率来讲，如果失去这30%，世界经济会怎么样，不可想象。不错，中国在开放发展中创造了巨大的经济利益，也应该享有应有的利益，但是中国绝对不吃“独食”。在开放合作中共赢共享，充分体现了我们倡导的新的开放观、合作观、利益观。习近平主席反复强调：“中国人民张开双臂欢迎各国人民搭中国发展的‘快车’、‘便车’。”所谓搭快车、便车，本质上就是一种利益共享。

还必须看到，中国开放为世界带来更多发展机遇。全球化是世界大势，顺应大势就能看到发展机遇，开放合作就能抓住发展机遇。中国越来越承担起引领全球化进程的角色，中国的大门越开越大，说明中国的发展创造的机遇越来越多。如果看不到大势，看不到中国的引领角色，那就是自觉地把自己拒之于全球化之外、主动地放弃触手可及的机遇。机遇是公平的，对发展中国家是机遇，对发达国家同样也是机遇。拉全球化列车的“闸”，不仅两害，也会损害想搭快车、便车的其他国家和国民的利益。

“开放还是封闭，前进还是后退，人类面临着新的重大抉择。”实际上，答案就在问题之中。“开放带来进步，封闭必然落后。”既然事实已经证明并且将继续证明，中国开放对世界有利，中国扩大开放将给各国人民带来更多福祉，中国有什么理由停下开放的脚步呢?

本文原载于《学习时报》2018年4月25日

中国开放展现大国担当

如果说，40年前，中国推开开放的大门的时候，表达的是一种认识世界、融入世界的强烈渴望，那么新时代中国进一步开放，展现的则是大国自信、大国担当，这是中国从富起来到强起来的必然逻辑，也是全球发展之幸、各国人民之福、人类进步之光。

面对复杂变化的世界，人类社会向何处去？这一时代之问不是随随便便提出来的。和平与发展是不变的主题，但世界还不太平，发展还不平衡，逆潮流和开倒车时常会打乱正常的发展进程，世界面对的挑战更尖锐，面临的问题更复杂。

中国的事中国办，世界的事各国商量着办。在这个过程中，强国和大国承担着重要而特殊的责任。中国虽然还不是强国，还处在强起来的进程当中，但中国作为负责任的大国，愿同国际社会一道，在开放中合作，以合作求共赢，为给世界带来光明、稳定、美好的前景发挥积极作用，作出更多建设性贡献。这是习近平主席反复强调的，也是对世界各国人民的庄严承诺。

地球是个村，世界是个家。强国无论多么强，大国无论多么大，遇事都应平等协商，发展都要合作共赢，不能动不动就舞枪弄棒，强加于人，宁教我负天下人，不教天下人负我。

从某种意义上讲，大国担当实则是大国领导人担当；大国承担重要而特殊的责任，实则是大国领导人承担重要而特殊的责任。

习近平主席在博鳌亚洲论坛2018年开幕式上的主旨演讲，站在促进人类和平与发展崇高事业的高度，顺应世界潮流，回答时代之问，宣示开放举措，承诺共建共享，充分展现大国担当，展现大国领袖担当。大要有大的样子，从习近平主席的这篇演讲中，世界人民高兴地看到，中国作为一个负责任大国的大的样子。

大国胸襟。胸襟有多大，世界就有多大。中国改革开放，向世界敞开大门的同时，也敞开胸怀。太平洋足够大，足以容下中美两国，但中国的胸怀比太平洋还大。中国的开放，既顺应中国人民要发展、要创新、要美好生活的历史要求，也契合世界人民要发展、要合作、要和平生活的时代潮流；中国要民族复兴、国家富强、实现中国梦，同时也把建设和平、安宁、繁荣、开放、美丽的亚洲和世界装在心中，强调中国梦与世界梦相通。与动不动就本国优先相比，这难道不是一根针和大海的关系？

世界眼光。用什么眼光看别人，别人就是什么样。中国古代疑人偷斧的故事在当代世界仍有生动再现。如果脚步早已迈进

21世纪，头脑还停留在冷战思维和传统思维中，那么，别人的发展就是对自己的威胁，没有敌人也要假想出敌人，以刺激自己的激情和快感。中国在对外开放中积极构建新型国际关系，倡导对话不对抗，结伴不结盟，承诺无论发展到什么程度，都不会威胁谁，不会颠覆现行国际体系，谋求建立势力范围，宣示始终做世界和平的建设者、全球发展的贡献者、国际秩序的维护者。试问还有哪一个大国和大国领导人有这样的眼光和格局？

人类情怀。有什么样的人类发展理念，就有什么样的人类发展方向和发展面貌。一个合格的大国领导人，不仅要看到本国的发展，还要看到世界的发展；不仅要看到当下的发展，还要看到人类发展的进程。而一个卓越的大国领导人，还要善于引领人类发展的方向，心中要有人类发展的百年大计、千年大计。立足当下世界，着眼人类发展，还会有哪个思想像“人类命运共同体”这样对历史进程和人类福祉产生重大影响呢？

本文原载于《学习时报》2018年4月27日

人类命运共同体理念更加深入人心

当前新冠肺炎疫情在全球范围内的肆虐，被称为自第二次世界大战以来人类陷入的最大灾难，也让有些国家进入“至暗时刻”。人类面临的共同挑战充分昭示出习近平主席提出的人类命运共同体所蕴含的思想价值和深远意义，也充分彰显出回答和解决这一时代课题的重要性、紧迫性。

疫情是对我国治理体系和治理能力的一次大考，同时，也是对世界各国的一次大考，是人类共同面对的一次大考。二十国集团领导人特别峰会以视频形式召开，这样一个特殊的会场实际上就是一个特殊的考场。命运相连的共同体，需要的是坚持人类优先的理念，而决不能把一己之利凌驾于人类利益之上。面对共同考题，给出什么样的答案，将决定能否尽快减少各国人民生命损失，能否尽快战胜病毒这一全人类共同的敌人。因而，全世界人民都关注着、期待着，关注着一致的答卷，期待着共同的行动。

中国倡议之所以能够引领共识，获得广泛赞同，是因为世界人民清楚地看到了构建人类命运共同体绝不是一句口号，而是实实在在的行动。中国的抗疫实践以及对世界抗疫的支援，是对人类命运共同体理念的具体践行。正是坚定秉持和践行这样的理念，即使在个别国家一边接受援助，一边对中国援助妄加指责、随意抹黑的情况下，我们依然不离不弃、坚定前行。心底无私天地宽，公道正义在人间。经历这样一场磨难，经历这样一个全人类共同抗疫的艰难过程，人类命运共同体理念的力量会更加充分地显示出来，构建人类命运共同体在世界范围内也会更加深入人心。全世界人民都会欣然看到，中国共产党及其领导的在复兴进程中的中国会给世界带来什么，会给各国人民带来什么，会给人类发展带来什么。

中国共产党成立至今已近百年，从革命、建设到改革发展各个时期，始终坚持为中国人民谋幸福、为中华民族谋复兴的初心和使命，同时，世界人民福祉和人类社会发展从来没有离开过我们党的视野。改革开放后，我们在不断探索共产党执政规律、社会主义建设规律的同时，也时刻把研究和探索人类社会发展规律作为己任，力求在自身发展的同时，为世界和人类发展作出更大贡献。特别是进入新时代后，中国特色社会主义旗帜越举越鲜亮，中国特色社会主义道路越走越宽广，而我们所处的国际环境也发生了重大变化，世界格局正在深层变动，出现了很多新情况新问题，人类也面临许多新挑战。习近平主席准确把握时代本质，着眼历史发展潮流，鲜明提出“人类社会向何处去”的时代之问。

答案往往就在提问之中。

就全球治理来讲，我们提出了共商共建共享的全球治理观；就推动经济全球化而言，我们提出了更加开放、包容、普惠、平衡、共赢的发展方向；就国与国关系来说，我们提出了坚持正确义利观的外交理念；就全球安全来看，我们提出了树立共同、缓和、安全、持续的新安全观；在积极推进国际合作方面，我们提出共建“一带一路”倡议并付诸实践，取得积极成效。特别是，明确提出构建人类命运共同体理念，增进人类福祉，顺应历史潮流，凝聚各国共识，因而受到世界范围内的广泛回应，不仅在许多重大国际场合被纷纷宣传而且被写入了联合国重要文献。

人类命运共同体理念的提出和实践，表明中国共产党站在了人类历史发展的前沿，对人类社会发展规律的深刻洞察和准确把握，表明中国共产党及其领导的国家天下为公、舍我其谁的责任担当，也表明，发展起来、强大起来的中国可以而且正在为世界人民和人类发展作出更多更大的贡献。

世界大势，浩浩荡荡。践行人类命运共同体理念，也绝不会一帆风顺、万里高阳。我们有坚定的信念，也有充分的准备，时刻进行具有许多新的历史特点的伟大斗争，在斗争中求团结求合作求行动，在斗争中不断推进历史发展。天空足够大，地球足够大，世界也足够大，容得下各国共同发展。世界上的路，只有走的人多了，才会越来越宽广。

本文原载于《学习时报》2020年4月3日

共同命运需要一致努力

在中国国内疫情防控形势持续向好，生产生活秩序加速恢复的同时，国外疫情却呈蔓延式、爆发式增长，十分令人担忧。地球是我们共有的家园，各国人民都是手足相亲的兄弟姐妹。在新冠肺炎疫情这一全人类共同的敌人面前，在全球人民生命安全和身体健康共同面临巨大威胁和挑战面前，任何轻视和傲慢，任何自顾自的小心思、小算盘，都似是“心魔”病毒，不仅会延误世界战疫良机，延缓抗疫进程，而且会给世界人民生命健康和人类共同利益带来次生灾害。

共同的挑战激发共同的期待，共同的命运需要一致的方向、一致的努力和一致的行动。在这种背景下召开的二十国集团领导人应对新冠肺炎特别峰会，寄托了世界人民最真切的愿望，他们迫切希望世界各国特别是对全球有重大影响的二十国领导人能够达成一致的行动，阻止疫情蔓延，拯救人民生命，并迫切希望听到中国的声音，分享中国的经验，听取中国的建议。

中国国家主席习近平出席会议并发表重要讲话，这篇仅有

1000多字的讲话在全世界引起重大反响，再次让世界人民深刻感受到人类命运共同体理念的洞察力、穿透力、震撼力和凝聚力。习近平主席指出，重大传染性疾病是全人类的敌人。当前，国际社会最需要的是坚定信心、齐心协力、团结应对，全面加强国际合作，凝聚起战胜疫情强大合力，携手赢得这场人类同重大传染性疾病的斗争。习近平主席还提出了四点倡议，这四点倡议实实在在，干货满满，果有行，行有效，展示了一位大国领袖的世界眼光、人类情怀、历史担当。接下来，就是要世界各国共同行动，一致努力，落实峰会成果，践行峰会共识，踏踏实实把践行人类命运共同体理念落实到战胜疫情的一次次具体行动中。

首先，必须认识清楚，人有国别，病毒无国界，疫情是我们共同的敌人，在这个咄咄逼人的敌人面前，无论大国小国，都难以独善其身，也都难以凭一己之力战胜敌人。当前唯一的选择，就是携起手来，团结一致，尽快战胜共同的敌人。如果在这样的形势面前还有谁在心里头不放弃私心杂念，在行动上扭扭捏捏，那他终究会被世界人民所唾弃，所不耻。

更重要的是行动，是世界各国一致的努力、一致的行动。我们面对共同的敌人，我们就拥有共同的命运，这就决定我们的努力和行动，在方向上要一致。各国国情不同，制度不同，国力不同，文化也不同，但“大道之行也，天下为公”。秉持人类命运共同体的理念，各国要加强沟通协调，主要国家要发挥更大作用，只有这样，才能形成强大合力。中国在抗疫过程中，据统计，自2020年1月22日至3月27日，习近平主席同22位外国领导人和国际组织负责人通电话28次，并多次会见外国首脑和政要。中国人历来“以至诚为道，以至仁为德”，大时代需要大格局，大格局也才有大智慧。习近平主席在讲话中讲道，中方已经建立新冠肺炎疫情防控网上知识中心，向所有国家开放，加强药物、疫苗等方面科研攻关的合作，面对一些疫情严重国家的援助，则更是世人皆知。

目前，世界上每天感染新冠病毒的数字都在变，不，是在跳着上蹿，而数字背后是生命的陨落、家庭的罹难、经济社会运转的停滞、人类命运面临的巨大威胁。但是，人类绝没有理由悲观。很多人、很多国家已经从中国抗疫中看到了希望，病毒这个全人类共同的敌人绝不是不可以战胜的；从携手合作中看到力量，只要全世界一致努力、一致行动，抗疫胜利这一天就不会太远。

本文原载于《学习时报》2020年3月30日

中国倡议向世界展现大国样子

大就该有大的样子。在二十国集团领导人特别峰会上，中国倡议让世界真真切切看到一个大国应该有的样子，一个大国应该有的责任和担当。

新冠肺炎疫情在全球蔓延，不仅威胁着世界人民的生命安全，而且对世界经济造成严重冲击。可以说，一段时间以来，全球都笼罩在阴影之中，对世界经济衰退的担忧四处弥漫。应该怎么办？希望在哪里？习近平主席在峰会上的四点倡议，开出了“中国药方”，给出了“中国方案”。

从这几天的反应来看，国际社会纷纷给予习主席倡议以高度评价，各方人士一致认同，习主席的重要讲话充分展示了中国负责任的大国担当，为维护全球产业链供应链稳定注入了力量，为恢复世界经济增长增添了动力，让人们重拾对未来发展的信心。

中国抗疫一开始就是全球抗击新冠肺炎疫情的一部分。面对来势汹汹的疫情，中国人民在党中央集中统一领导下，在习近平主席亲自指挥和部署下，始终把人民生命安全和身体健康摆在第一位，按照坚定信心、同舟共济、科学防治、精准施策的总要求，坚持全民动员、联防联控、公开透明，打响了一场抗击疫情的人民战争。经过艰苦奋战，取得阶段性重要成效，目前中国国内的疫情传播已被基本阻断，但是正如习近平主席所指出的，中国人民也付出了巨大的牺牲。中国的努力和牺牲，为世界人民抗击疫情赢得了宝贵时间和机会，也提供了可以借鉴的有益经验。更重要的是，让处于疫情风暴中的国家看到了希望，中国抗疫具有重要的世界意义，因而受到世界卫生组织总干事和多国政要一而再、再而三的肯定和称赞。

当然，在我们最困难的时候，国际社会许多成员也给予我们真诚帮助和支持。滴水之恩当涌泉相报，这是中国人民的传统美德。基于中国取得的抗疫成就和经验，我们积极推动国际合作，并向包括美国在内的疫情扩散国家提供力所能及的援助，同100多个国家和国际组织开展了近70场经验分享视频会议，还向伊朗、伊拉克、意大利、塞尔维亚、柬埔寨、巴基斯坦、英国等派遣了医疗专家组。中国的行动不仅让处于疫情中的国家感受到患难与共的温暖，感受到人间正道、天下为公的情怀，而且深刻认识到人类命运共同体理念的力量和伟大。

正是这些无可辩驳的鲜明事实，让世界看到了一个真实的中国，看到了一个大国的样子。这份真实越来越清晰、深刻，任何污名化都难以撼动；这个样子越来越入脑入心，任何抹黑、矮化都反而暴露出造谣污蔑者的内心丑陋。

大国样子不是你自己涂脂抹粉就能够树立起来的，关键要看你的立场、你的行动、你所发挥的作用。倘若只考虑一己之私，处处以我为先，那样子就不会有吸引力和说服力，就不会被世界认可。中国倡议之所以能得到世界响应，就是因为中国所持的立场，是站在人类命运的高度，同舟共济、守望相助，最终战胜共同的敌人；中国所倡导和付诸的行动，是团结合作，拯救各国人民的生命健康，遏制全球经济衰退；中国所发挥的作用，是引领各国凝聚起战胜疫情的强大合力，携手赢得这场人类同重大传染性疾病的斗争，共同迎来人类更加美好的明天！

中国的倡议响当当、亮堂堂，秉持的是人类命运共同体理念，针对的是人类共同的敌人，强调的是坚定信心、齐心协力、团结应对，发出的是坚决打好疫情防控全球阻击战，发起的是二十国集团抗疫援助倡议，提示的是防止世界经济陷入衰退，等等。当然，还有更多更有价值的建议，比如，适时举办全球公共卫生安全高级别会议等；当然，还有中国的郑重承诺，比如，将加大力度向国际市场供应原料药、生活必需品、防疫物资等产品以及坚定不移扩大开放，放宽市场准入，积极扩大进口，扩大对外投资，等等。特别是，在讲话的最后，习近平主席呼吁二十国集团成员采取共同措施，减免关税、取消壁垒、畅通贸易，发出有力信号，提振世界经济复苏士气。

言为心声，掷地成形。中国倡议的每一字、每一句、每一条，无不体现了为大家好、为世界好的广阔胸怀，无不显示了为天下而忧、为人类所急的中国气质和精神，无不彰显了一个发展中大国面对共同挑战的担当与勇气。

不管你怎么想，不管你怎么看，不管你怎么说，中国就在这里，就在东方。而中国的样子，已然不同！

本文原载于《学习时报》2020年4月1日

人民生活越来越美好

2020年10月29日半夜，处理完有关党的十九届五中全会的版面安排后，我打车回家，在车上仍然用手机查阅五中全会的相关信息。车子开了一会儿，司机师傅突然说，开五中全会了——口气听起来显然是肯定的。我说，已经闭幕了。随即问师傅，您也关心？师傅嗯了一声。我又问，知道五中全会主要研究什么问题吗？师傅回答，具体说不准，但知道日子越来越好了，还会越来越好。看起来师傅答非所问，仔细一琢磨，不但不能说师傅的回答跑题，而且从某种意义上简直可以说是切中主题。198名中央委员、166名候补中央委员以及有关方面负责同志，连续几天开会，集中研究的不就是未来5年、15年人民如何过上更好的日子吗？

不错，中央开全会研究国家大事，这国家大事何尝不是每个人的大事！老百姓关心国家大事，又何尝不是关心自己的事！我们每一个人，越来越紧密地和我们的党、我们的国家、我们的新时代融合在一起了。

我第一时间学习了公报全文，一个突出的感受，就是字里行间彰显着我们党人民至上的执政理念，体现着以人民为中心的发展思想。我们不是为了规划而规划，做好规划是为了更好地发展；我们也不是为了发展而发展，更好发展是为了更充分地满足人民对美好生活的需要。全会通过的《中共中央关于制定国民经济和社会发展第十四个五年规划和二〇三五年远景目标的建议》，紧紧抓住新时代的主要矛盾，特别是人民日益增长的美好生活需要和不平衡不充分的发展这一主要矛盾的主要方面，从各方面各领域提出一系列战略性、创新性举措，解决发展不平衡不充分的问题。可以说，我们党下这么大力气作这样一个五年规划和远景目标建议，根本目的就是满足人民日益增长的美好生活需要。

过去的5年，人民生活上了一个大台阶。就拿生活水平来说吧，吃穿住行各个方面都有很大改善和进步；就拿上大学来说，高等教育已进入普及化阶段；就拿民生之本就业来说，城镇新增就业超过6000万人；社保方面，建成世界上最大的社会保障体系，基本医疗保险覆盖超过13亿人；养老方面，基本养老保险覆盖也将近10亿人；文化事业和文化产业的发展人民感受更深。特别是，脱贫攻坚成果举世瞩目，农村贫困人口实现脱贫的达到5575万人。再有，污染防治力度加大，生态环境改善明显，天更蓝、水更清、空气更新鲜了，每天清晨拉开窗帘，心情好的日子越来越多。

未来的5年，人民的生活会好上加好。全会明确提出，把“以满足人民日益增长的美好生活需要为根本目的”作为“十四五”时期经济社会发展指导思想，把“坚持以人民为中心”作为一个重要原则，放在“五个坚持”的突出位置，可见《中共中央关于制定国民经济和社会发展第十四个五年规划和二〇三五年远景目标的建议》(以下简称《建议》)从根本上说是为人民美好生活的规划，是为人民生活好上加好的目标。

从全会提出的“十四五”时期经济社会发展主要目标来看，好上加好值得期待。民生福祉达到新水平，实现更加充分更高质量就业，居民收入增长和经济增长基本同步，基本公共服务均等化水平明显提高，全民受教育程度不断提升，多层次社会保障体系更加健全，卫生健康体系更加完善，脱贫攻坚成果巩固拓展，公共文化服务体系和文化产业体系更加健全，人民精神文化生活日益丰富，生态环境持续改善，城乡人居环境明显改善，等等。这些党带领人民经过五年奋斗要实现的一个个目标，怎不让人们对生活好上加好充满向往?

不仅有5年，还有15年。这次全会的规划《建议》把“十四五”五年发展作为重点，同时也对2035年远景目标进行了展望，明确了努力的方向。远景目标告诉我们，经过5年，再经过10年，在好上加好的基础上，人民生活一定会更加美好。

全会提出的到2035年基本实现社会主义现代化远景目标，更加鼓舞人心，其中特别提到，经济总量和城乡居民人均收入将再迈上新的大台阶。收入是提高生活水平、实现美好生活需要的前提，公报用一个“再”、一个“新”、一个“大”来表述城乡居民收入的增长，凝聚共识，鼓舞人心。

再看同样令人鼓舞的远景目标：人均国内生产总值达到中等发达国家水平，中等收入群体显著扩大，基本公共服务实现均等化，城乡区域发展差距和居民生活水平差距显著缩小。人民生活更加美好、人的全面发展、全体人民共同富裕取得更为明显的实质性进展。特别是这最后一条，首次把“全体人民共同富裕取得更为明显的实质性进展”作为远景目标提出，进一步凸显新发展阶段要把实现共同富裕作为重要奋斗目标。

美好生活激励着我们，蓝图愿景鼓舞着我们。贯彻落实五中全会精神，实现五年规划和十五年远景目标，要求我们每一个人投入到实干的队伍中来，汇聚到奋斗的行列中去，以真抓实干为美好生活润色赋能，以不懈奋斗兑现美好生活需要。

本文原载于《学习时报》2020年11月2日

建好中共党史党建一级学科

在中国共产党成立一百周年之际，将中共党史党建设立为一级学科，不仅是学术界的话题，而且是全党的一件大事。

中国共产党已经走过了一百年的风雨辉煌历程，党的十九届六中全会对党的百年奋斗重大成就和历史经验作出了全面而深刻的总结。党以百年奋斗生动回答了“中国共产党为什么能”这一重大命题。近年来，党史党建研究取得很大进展，也产生很多重大成果，但与党的深厚历史和党的建设取得的伟大成就相比，还远远不够，成为一级学科，为党史党建研究提供了更为广阔的天地，也提供了更加充分的动力。中国共产党过去为什么能够成功，未来怎样继续成功，对学术研究来讲，这是多么大的一个现实挑战，又是多么大的一个重要机遇，这样一个深藏宝藏的“学术蓝海”期待更具广度、更有深度的开掘。解读中国共产党的伟大实践，更需要中国自己的学术创见。建好中共党史党建一级学科，体现了我们党的自信，体现了学术界的自觉，体现了让世界知道“学术中的中国”“理论中的中国”“哲学社会科学中的中国”的自强。

2016年5月17日，在哲学社会科学工作座谈会上，习近平总书记提出了加快构建中国特色哲学社会科学的重大命题，并要求在指导思想、学科体系、学术体系、话语体系等方面充分体现中国特色、中国风格、中国气派，这是我国学术界必须担当并完成的光荣使命。如何体现中国特色、中国风格、中国气派？中国共产党作为世界上最大的马克思主义执政党，历经百年奋斗，不仅改变了中国面貌，而且改变了世界历史进程，拥有9500多万名党员，带领14亿多中国人民豪情满怀地行进在建设社会主义现代化强国新征程上，还有比对这样一个大党的研究更能体现中国特色、中国风格、中国气派的吗？从学科体系来讲，中共党史党建学科无疑是最具有中国特色的学科；从学术体系来讲，对党史党建问题的研究无疑是最具中国风格的研究；从话语体系来讲，党言党语无疑最具中国气派。

立足党的百年历史新起点，党中央作出了一个重要决策：在全党开展党史学习教育。通过持续的党史学习，党内党外、社会各界普遍反映深受触动、收获很大，达到了学史明理、学史增信、学史崇德、学史力行的目的。在学习教育结束之际，习近平总书记指示，要认真总结这次党史学习教育的成功经验，建立常态化长效化制度机制，不断巩固拓展党史学习教育成果。应该说，通过党史学习教育，全党全社会都深刻认识到从历史中汲取智慧的重大意义，同时也建立起了学习党史的浓厚兴趣，更激发了进一步深入学习的需求。建设好中共党史党建一级学科，既是建立党史学习教育常态化、长效化制度机制的题中应有之义，也是满足全党全社会进一步深化学习的需要。

我们党走过了一百年的光辉历程，团结带领人民取得了举世瞩目的重大成就，积累了极其宝贵的历史经验。这些重大成就和历史经验都写进了全会通过的《中共中央关于党的百年奋斗重大成就和历史经验的决议》里。习近平总书记指出，对历史进程的认识越全面，对历史规律的把握越深刻，党的历史智慧越丰富，对前途的掌握就越主动。这一深刻论断对党史党建研究既是方向指引，也是重要要求。一部百年历史决议，给我们的研究提供了丰富的课题选项，特别是新时代的历史性成就和历史性变革，更是一道道让学术界兴奋的、充满独特魅力的研究题目，深入进去，便见万千气象，便有丰硕成果。

中共党史党建学科建设，既有特殊性，也有普遍性，面临着学科建设的重任，也面临着人才需求的挑战，很多事情都要扎扎实实、一步一步地去做。这是一项紧迫任务，也是一份光荣责任。完全可以相信，经过努力，我们这样一个大党，一定能够建好一个一级学科。

本文原载于《学习时报》2022年1月17日

像重视战略一样重视策略

战略和策略是辩证统一的，战略离不开策略，策略也离不开战略。战略和策略又不是一回事，战略是从全局整体谋划，策略是为落实战略而采取的办法和步骤。战略和策略都正确，一项事业才能成功。对我们党来讲，百年奋斗历程充分说明，每到重大历史关头，我们党总是能从战略上认识、判断形势，制定正确的战略，同时采取正确的策略，从而保证我们党战胜无数风险挑战、不断从胜利走向胜利。

2022年1月，党中央举办省部级主要领导干部学习贯彻党的十九届六中全会精神专题研讨班，习近平总书记在开班式上发表重要讲话指出：这次全会决议对百年奋斗历程中党高度重视战略策略问题、不断提出科学的战略策略作了全面总结。注重分析和总结党在百年奋斗历程中对战略策略的研究和把握，是贯穿全会决议的一个重要内容，我们一定要深入学习、全面领会。在学习总书记重要讲话的时候，我特别注意到，总书记是把战略策略放在一起强调的，给予了战略策略同等重要的位置。但是我也注意到，在学习党的百年奋斗历程的时候，在贯彻落实党中央重大决策部署的时候，在谋划一个地方、一个单位工作的时候，往往有一种倾向，重视战略、忽视策略，强调战略问题、轻视策略问题。一位刚换届上来的地方领导，谈起本地的发展，一口气说出许多战略，而对具体方法办法则讲得不多。讲得不多不是心中有数，而是重视不够。如果不管在哪一个层面上、不管在哪一个岗位上，大家都讲战略，都忽视轻视策略，我们手中的具体工作就做不好，也就难以从根本上为战略服务好，所以提出“像重视战略一样重视策略”，就不是无的放矢，而是具有很强的针对性。

毛泽东是高度重视策略的战略家。翻阅《毛泽东选集》，以“战略”和“策略”作题目的就有多篇。比如：写于1935年12月的《论反对日本帝国主义的策略》，系统地阐述了党的抗日民族统一战线的策略方针；写于1936年12月的《中国革命战争的战略问题》，系统地阐明了有关中国革命战争方面的重大战略问题；而写于1938年5月的《论持久战》则是把战略与策略融为一体的典范。从革命历史看，我们有战略正确、策略错误的时候，也有战略错误、策略正确的时候，无论哪一种情况，都给革命带来了难以估量的损失。但是总体看，我们的战略和策略都正确是主流。中国革命的胜利，就是正确的战略和正确的策略的胜利。

今天，我们的党已经发展成为世界第一大执政党，正在领导一个大国推进前无古人、旁无他人的伟大事业。我们要避免犯大的错误，必须高度重视战略问题，善于从战略上看问题、想问题，党员干部特别是各级领导干部要有战略意识，强化战略思维。同时，要深刻理解把握战略和策略的辩证统一，在具体的工作中，要认真琢磨战略的坚定性和策略的灵活性如何结合得更好，本地区本部门的工作思路、工作部署、政策措施如何在战略的指导下为战略服务得更好，而不能从上到下，层层部署，层层要求，甚至演变成层层表态、空喊口号。

像重视战略一样重视策略，首先要正确理解战略。正确理解战略才能正确制定策略。当前最要紧的就是要自觉同党中央的理论和路线方针政策对标对表、及时校准偏差，党中央作出的战略决策必须无条件执行，保证不偏向、不变道、不走样。

要在全局观念中谋好一域。无论是一个地方、一个部门还是具体到一个单位，所谋划的工作，既要有利于本地区本部门本单位，也要有利于全局，为全局增光彩，为全局服务。只对自己有利、对全局有害的工作策略坚决不做。

要在谋势之中谋事。战略体现的是谋势，策略体现的是谋事。要在把握大势之中做好具体的事。各级领导干部要按照在全局、在战略中的职能定位，踏踏实实地做好自己分内的工作。

要按照战略部署抓好落实。战略需要策略来落实。策略要求是领导干部的重要要求，落实能力是领导干部的重要能力。落实工作做好了，会放大战略效应；落实工作做不好，再正确的战略都会打折扣。当前，中央已经出台了一揽子稳经济的政策，关键是不折不扣地落实到位，要在落实的策略上多想办法、多用劲。

本文原载于《学习时报》2022年6月13日

发扬“主动干精神”

更加紧密地团结在以习近平同志为核心的党中央周围

小满刚过，时已入夏。本来应在每年春天召开的全国两会，2020年推迟了两个多月。这不仅是日期和节气上的变化，更是因我们赢得一场抗击重大疫情的重大胜利而在党史、新中国史上书写的特殊而难忘的一页。

这是怎样特殊的战疫！新冠肺炎疫情暴发后，党中央将疫情防控作为头等大事来抓，习近平总书记亲自指挥、亲自部署，坚持把人民生命安全和身体健康放在第一位，领导全党全军全国各族人民打好打赢疫情防控的人民战争、总体战、阻击战。

这是怎样难忘的胜利！在以习近平同志为核心的党中央坚强领导下，全国上下同心，人民众志成城，武汉保卫战、湖北保卫战取得决定性成果，疫情防控阻击战取得重大战略成果，我们用艰苦卓绝的努力交出了一份让世界瞩目的“抗疫答卷”。

面对来势汹汹的新冠肺炎疫情，中国所取得的决定性成果和重大战略性成果绝不是轻轻松松得来的。探寻中国成功遏制疫情的原因，中国共产党的领导、中国特色社会主义制度的显著优势、全党全军全国各族人民的团结奋斗等，都是不可或缺的因素。尤其，以习近平同志为核心的党中央集中统一而又坚强有力的领导，是我们抗疫成功的根本政治保证。3个多月的抗疫斗争实践再一次深刻启示我们，越是在关键时刻，我们越是要紧密团结在以习近平同志为核心的党中央周围，越是要自觉做到“两个维护”，越是要坚定服从党中央和习近平总书记的统一号令。

我们应该看到，在我国疫情防控取得重大战略成果、在做好常态化防控的同时加快经济社会秩序恢复的时候，全球疫情蔓延势头依然上不见顶。目前已波及210多个国家和地区，影响70多亿人口，夺走了30多万人的宝贵生命。中国秉持构建人类命运共同体理念，毫无保留同各国分享防控和救治经验，尽己所能为有需要的国家提供了大量支持和帮助。在第73届世界卫生大会视频会议开幕式上，习近平主席又宣布将在两年内提供20亿美元用于支持受疫情影响的国家特别是发展中国家的抗疫斗争以及经济社会发展等多项重大举措。

我们必须看到，世界上有的国家对中国的经验和成就视而不见，对中国的支援和付出抱有偏见，为转移本国抗疫不力肆意甩锅中国，恶意传播“政治病毒”，甚至阴谋把全球疫情暴发当作遏制中国和平发展、阻断中华民族伟大复兴进程的机会，拉拢一些别有用心的国家构陷中国、围堵中国。全球疫情形势十分复杂严峻，比疫情形势更加复杂严峻的是疫情导致的国际形势和格局的深层演进、不稳定不确定因素的显著增多，对此我们必须看清、看透、看准，必须作好较长时间应对外部环境变化的思想准备和工作准备。

而从国内来看，2020年是决胜全面建成小康社会、决战脱贫攻坚收官之年，也是实现“两个一百年”奋斗目标的历史交汇之年。决战决胜时刻迎头遇上新冠肺炎疫情，遇上国际形势复杂变化，让我们面临的风险挑战前所未有。有效应对复杂形势，如期完成艰巨任务，对全党提出了更高更严格的要求。

中国共产党是在风雨磨砺中成长壮大的。从党的历史看，无论是革命战争年代，还是改革开放新时期，党之所以没有被任何困难、任何风险、任何挑战所压倒，一个根本原因，就是有党中央的集中统一领导，有全党的紧密团结，有全党的核心与领袖凝聚的共识和力量。从实现中华民族伟大复兴的新征程看，也绝不会一帆风顺、轻轻松松，随时可能会遇到风险挑战、惊涛骇浪，对此我们已经作好了充分的准备。当前面对国际异常复杂的形势，面对国内非常艰巨的任务，我们必须更加紧密地团结在以习近平同志为核心的党中央周围，坚定不移做到“两个维护”，依靠全党和全国人民的力量，弘扬抗疫精神，团结一心向前进，风雨无阻向未来。

两会是全国人民政治生活中的大事，特殊时期召开的两会无疑将发挥特殊作用。刚刚经历了大战大考并从大战大考中汲取了智慧和力量，经过两会这个特殊政治舞台的进一步凝聚和激励，全党全军全国各族人民将更加团结，更加有力量，更加不可战胜。

本文原载于《学习时报》2020年5月22日

深刻感悟“人民满意、世界瞩目、可以载入史册”

过去的一年，是新中国历史上极不平凡的一年。“极不平凡”，短短四个字，浓缩了全国人民所度过的360多个日夜的经历，表达了全国人民经风历雨所迸发出的共同感受。这一年，新冠肺炎疫情突如其来，世界经济碰上二战以来最大的衰退，中华民族伟大复兴进程遭遇美国等西方国家的强力遏制，这世纪罕见的三重严重冲击，犹如“三座大山”压来。面对前所未有的挑战和考验，以习近平同志为核心的党中央团结带领全党全国各族人民，应对大战大考，迎难而上，在危机中育先机、于变局中开新局，推动党和国家事业取得人民满意、世界瞩目、可以载入史册的重大成果，交出了一份人民满意、世界瞩目、可以载入史册的答卷。可以说，人民满意、世界瞩目、可以载入史册，是对“极不平凡”的最好注解，更是共同走过的全国人民的深刻认识。

人民满意具有更深厚的现实基础。在回顾过去一年的工作时，我们党依然把人民满意摆在了第一位，这充分彰显了中国共产党不变的初心，再一次证明我们党是以人民为重、以人民为先的执政党，在任何时候都把人民摆在最高位置。抗疫初期，习近平总书记就鲜明提出人民至上、生命至上。下至出生不久的婴儿，上至百岁老人，不惜一切代价，一个都不放弃，举全国之力维护人民生命健康安全。而在国外疫情持续扩大的时候，某西方发达国家针对医疗资源紧张的现实，竟然提出“如果患者没有治愈希望的话，就不要往医院送了”这样的主张，这是多么鲜明的对比，又是多么有力的证明！在疫情防控的关键时期，党中央果断召开决战决胜脱贫攻坚座谈会，目的就是要完成到2020年现行标准下农村贫困人口如期全部脱贫的任务，一个不落地全面进入小康社会。在疫情防控形势十分紧张的情况下，习近平总书记依然惦记着贫困人口的脱贫，充分展现了大国领袖的人民情怀。环顾全球，还有哪个国家的领导人能够做到？我们统筹疫情防控和经济社会发展，及时出台一系列重大政策举措，保就业、保民生，在全力维护人民生命安全和身体健康的同时，尽量不让人民生活受到太大的影响，等等。所有这些举措的出发点和落脚点，都是人民福祉，都是为了人民。

人民满意是以习近平同志为核心的党中央带领全国人民在大战大考中做出来的，在迎难而上中干出来的。人民满意也是广大人民群众发自肺腑的心声和表白。人民满意是对以习近平同志为核心的党中央巨大的政治勇气、强烈的责任担当、卓越的领导能力的满意，是对中国共产党行大道、迎大考、谋大事、过大关的满意。

世界瞩目越来越形成共识。做好自己的事情，是我们在这个世界上一个重要的处世原则。环球同此凉热。一年过去了，无论是抗疫还是经济社会发展，中国越来越显示出“风景这边独好”，世界看中国的目光越来越不一样了，中国人也不约而同地看出了这种目光含义的变化。仅就经济而言，疫情袭来，同样给我国经济带来严重冲击，2020年一季度GDP同比下降为6.8%，但是从全年下来看，我国成为世界主要经济体中唯一实现了正增长的国家。短短几个月，这种变化是怎么来的？这种奇迹是怎么创造的？无论是西方的学者还是外国的政要，看中国恐怕不仅要用眼睛多看，还要用脑子多想，这样才能看得清楚、想得明白。中国一年来的成绩，即使再有偏见的人，心里不服气也不行。何况，中国一边抗疫，一边统筹发展，一边依然坚持为世界抗疫和经济发展多作贡献，依然拿出实实在在的构建人类命运共同体的举措。这种大道之行的义利观，已然站到了历史正确的一边；这种天下为公的全球观，已然站到了人类道义的制高点，岂能是“以我为先”的小家子气所能比肩的。过去的一年，习近平总书记于日理万机中出席数十场国际会议，通过视频，将中国声音、中国主张迅速传遍世界每一个角落。

世界投来的目光，自然含有多种成分，但是无疑越来越理性、越来越公正。世界瞩目，首先瞩目的是中国共产党是什么样的党，共产党人是什么样的人，中国是什么样的国，中国之治是什么样的治。在瞩目中，国际社会越来越客观地形成正确的“中共观”“中国观”。

载入史册，必须大书特书。过去的一年，360多个日夜，中国经历了什么？中国人经历了什么？几十年、几百年后，我们的后代如何看待2020年，如何评价我们的作为？我们必须站在大历史观的角度，倾尽笔力，浓墨重彩，给历史留下熠熠生辉的一页。载入史册必须首先写好党中央的核心、全党的核心、人民的领袖的故事，写好党中央带领全国人民战胜艰难险阻、开创一个又一个奇迹的故事，写好中国人民创造辉煌、创造历史的故事。

载入史册的可不仅是文学家、史学家写的，实际上更是共同走过的每一个中国人书写的。2020年的中国，正如习近平总书记所指出的，每个人都了不起。只有中国，只有中国人民，才能把一个大疫之年、抗疫之年，生生地铸就成了一部史诗！

本文原载于《学习时报》2021年1月18日

党和政府带头过紧日子是为老百姓过好日子

2019年3月5日，习近平总书记参加内蒙古代表团审议时强调，党和政府带头过紧日子，目的是为老百姓过好日子，这是我们党的宗旨和性质所决定的。

两会结束后，李克强总理在记者见面会上回答提问时说，我们今年安排财政支出和GDP同步增长，确保民生重点领域、三大攻坚战支出只增不减。那么人们会问你钱从哪里来，赤字只提高了0.2个百分点，填不上这个窟窿怎么办？我们的办法是，政府要过紧日子。政府要过紧日子，就要让利，政府的存量利益也要动，得罪人也要动，让利于企业，让利于民。

对中国的两会，国外一些别有用心的媒体怀有很大的偏见。事实是在给他们上课。两会在向世界传递中国希望和中国信心的同时，也鲜明地彰显了中国制度和中国道路的独特优势。党和政府带头过紧日子，是为了让老百姓过好日子！同样面临经济下行压力和困难的挑战，世界上有哪一个政党像中国共产党这样，把人民的利益、人民的日子放到最高位置？世界上有哪一个国家的政府像中国政府这样，宁可刀刃向内，割自己的肉，也要千方百计确保民生、让利于民？

一个政党的建立，总是要为着某种目的；一个政党的执政，总是要代表一些人的利益。天下为公。中国共产党自成立起，就把人民的利益鲜明地写在自己的旗帜上，自此为人民的解放、人民的幸福而前赴后继，奋斗牺牲。除了人民的利益从来没有自己的特殊利益，这是中国共产党的宗旨所在，也是区别于一切资产阶级政党的根本所在。党的性质决定了其在任何时期、任何阶段、任何情况下，都会把人民的利益放在最高位置，把人民的幸福当作最崇高追求，把老百姓过好日子当作最大努力方向。

中国共产党是这样宣示的，也是这样践行的。中国共产党近百年的历史，就是一部为中国人民谋幸福、为中华民族谋复兴的奋斗史。革命战争年代，为了人民的解放，党和党领导的人民军队冲锋陷阵、流血牺牲，赢得了人民的拥戴和支持。人民群众以实际行动拥护共产党，支援革命军队，既有红军女战士“半条被子送百姓”的感人故事，也有老百姓“最后一个儿子送战场”的悲壮场面，形成了世界革命史上最为宝贵的党群情、亲人情，军民情、鱼水情的精神遗产。社会主义建设时期，为了战胜敌人封锁、度过困难时期，党的领袖和人民一样过紧日子、苦日子，毛泽东等中央领导主动减少粮食定量，带头不吃肉。改革开放以来，人民生活发生了翻天覆地的变化，日子越过越红火，幸福感明显增强。但随着社会主要矛盾的历史性变化，人民对美好生活的追求更加全面，脱贫攻坚也到了最吃紧阶段，党和政府带头过紧日子的要求并未过时，大力压缩行政事业性开支、大力管控楼堂馆所建设等，依旧是我们必须强调的。

今天，世界百年未有之大变局与发展的战略机遇期并存，外部环境复杂多变，国内风险挑战不少不小，特别是经济下行压力加大。在这个时候，习近平总书记强调，党和政府带头过紧日子，是为老百姓过好日子。这样的信念、这样的行动，是中国共产党不忘初心、牢记使命的时代彰显，是党领导坚强有力的深刻昭示，是任你云谲波诡、我自依然自信的强力展现。

本文原载于《学习时报》2019年3月22日

把以人民为中心的发展思想落细

一位朋友谈起对两会《政府工作报告》最深印象时脱口而出：支持加装电梯！他进一步说，他没有想到“加装电梯”会写到政府工作报告里。

的确，仔细研读报告，每一个人都能说出自己的感受，都能总结出所认为的特点。我的突出感受是，2019年的《政府工作报告》，不仅实，而且细；每一个人既能看到自己所关心的，也能看到自己最关心和更关心的。比如加装电梯问题，可能只涉及14亿人口中一小部分人，但如上面那位朋友，就是他眼下最关心的问题。即使是一小部分人关心的如此具体的民生问题，总理在报告中也作出了回应。

人民有所呼，政府有所应。可以说，报告关于2019年政府工作任务部分，就是一份沉甸甸、干货满满的惠民清单。也难怪，总理的报告刚作完，有人就把这些干货拣出来，在网络世界疯传。刚生完二胎的年轻父母或不太年轻的父母关心婴幼儿照护，报告里有；占人口相当大比例的高血压、糖尿病患者关心门诊用药医保报销问题，报告里有；城市职工关心技能培训、农民工关心欠薪的问题，报告里有；老年人关心养老服务建设问题，报告里也有。

有人将读了报告后的感受概括成一个字：甜。应该说，这不是一个矫情的字，而是一句内涵丰富、深刻的表达。这个字的背后，彰显的是中国共产党的初心使命。以人民为中心的发展思想是我们党关于发展的根本思想。其落脚点是发展成果由人民共享。人民群众有没有获得感，有赖于政府的具体政策，并通过政策的实施，将以人民为中心的发展思想落地落实落细。

本文原载于《学习时报》2019年3月8日

人民的勤务员就是给老百姓做事的

河北省承德市双滦区偏桥子镇大贵口村，一位叫霍金的村民家里，2021年8月24日下午迎来了一位特殊客人——中共中央总书记习近平。总书记坐在霍金家的客厅里，同这位农民拉起了家常。霍金激动地介绍这些年农村的变化，最后说："有总书记领导，人民真幸福！"总书记回应道："我们是人民的勤务员，这句话并不是一个口号，我们就是给老百姓做事的。"

8月25日晚，央视新闻联播在播出这一段时采用了同期声画面，我反复观看，仔细聆听，用心体会总书记朴实话语中蕴含的深刻道理。

其实，这不是总书记第一次这样回应人民。2013年11月，习近平总书记赴湘西调研扶贫攻坚，来到花垣县十八洞村特困户施齐文家，老人的老伴石爬专问："怎么称呼您？"总书记自我介绍："我是人民的勤务员。"

2015年7月，习近平总书记赴吉林考察，在与国企职工座谈时说："党的各级领导干部都是人民的勤务员，中央领导是人民的大勤务员。”

2016年2月，习近平总书记到江西看望慰问广大干部群众，在贫困户张成德家，张成德老伴拉着总书记的手说：“感谢您来看我们，您可是国家的当家人啊。”总书记回答说：“是人民当家作主，我们是人民的勤务员，帮你们跑事的。”

2018年2月，习近平总书记在四川考察调研时来到成都市郫都区战旗村，一位老人握着总书记的手，激动地说：“您是我们的好领袖，中国人民的福星。”总书记答道：“谢谢，我是人民的勤务员，是为人民服务的。”

“人民的勤务员”“是为人民服务的”“给老百姓做事的”“帮你们跑事的”，这样朴实的语言，形象地回答了共产党人“我是谁”“为了谁”的根本问题。“人民的勤务员”是共产党人与人民群众关系的特别定位，是我们党性质宗旨的生动表达，也是每一位党员干部身份的鲜明标识，可以说，它是我们党员干部在自己的名字之外共同的“别名”。习近平总书记特别强调，这句话不是一个口号，就是要求我们要体现在行动上，体现在具体的为老百姓做事、为老百姓跑事上。

习近平总书记反复强调领导干部是人民的勤务员，既是对人民赞誉的回应，也是对党的性质宗旨的不断阐释，更是对广大党员干部的郑重要求。我们要永远铭记，终生践行。

做人民的勤务员，为人民服务，始终是共产党人的最高价值追求，也是中国共产党的优良传统。1944年12月，毛泽东就指出：“我们一切工作干部，不论职位高低，都是人民的勤务员，我们所做的一切，都是为人民服务。”老一辈革命家无不以人民的勤务员来要求自己。周恩来终生践行“永远做人民忠实的勤务员”，永远做人民的“总服务员”；刘少奇对劳动模范时传祥说，“你掏大粪是人民勤务员，我当主席也是人民勤务员”；任弼时始终把自己当成人民群众中的普通一员，一生为人民服务，被誉为“中国人民的骆驼”；邓小平以“中国人民的儿子”自称，在推动改革开放中坚持把人民利益放在首要位置。

党的十八大以来，面对复杂形势、严峻挑战、艰巨任务、繁重工作，习近平总书记夙夜在公，宵衣旰食，为人民能够过上幸福美好生活奔走操劳，以“人民的勤务员”的高大形象和崇高风范，赢得了人民的衷心爱戴，也为我们树立了光辉榜样。广大党员干部特别是青年干部要向总书记看齐，勤勤恳恳做人民的勤务员，踏踏实实为老百姓做事、为老百姓跑事。

做人民的勤务员，为人民服务，首先要以人民为衣食父母，拜人民为师。官来自人民，官不为民，宁不为官。官在民面前，不能平起平坐，更不能高高在上，而是要低半头、矮半截，时刻体现出对人民的恭敬之心、倾听之态、服务之举。

做人民的勤务员，为人民服务，要把“勤”字文章做足，要多为老百姓做事，勤为老百姓跑腿，遇到群众有急难愁盼之事，应该像战士听到冲锋号一样，第一时间冲上去。一个领导干部心中有没有人民，关键看心中是否装着老百姓的柴米油盐；一个领导干部是不是真正的人民勤务员，关键看解决了多少老百姓的急难愁盼。

做人民的勤务员，为人民服务，要诚心接受人民的评判。习近平总书记指出，时代是出卷人，我们是答卷人，人民是阅卷人。人民的权利最大，你能得多少分，能不能及格，是不是优秀，人民说了算。人民阅卷的标准只有一个，看你是不是为老百姓做事、多做事，看你是不是为老百姓做好事、多做好事。你把人民放在心中的位置多重要，人民就会把你捧得有多高。好干部是人民评选出来的。

本文原载于《学习时报》2021年9月1日

高级干部要作“两个维护”的表率

习近平总书记指出，“党的政治建设是党的根本性建设，决定着党的建设的方向和效果”。当前，党的政治建设的首要任务，就是坚决维护习近平总书记党中央的核心、全党的核心地位，坚决维护党中央权威和集中统一领导。坚决做到“两个维护”，既是根本政治任务，也是根本政治纪律和政治规矩，是牢固树立“四个意识”的集中体现。

“两个维护”是对全党的要求，更是对各级领导干部特别是高级干部的要求。党的高级干部要以身作则，率先垂范，作“两个维护”的表率。在我们党的执政资源和干部队伍中，高级干部处于关键地位，发挥着不可替代的作用，对全党全社会有着十分重要的影响，是“关键少数”。党员看干部，一般干部看高级干部。高级干部在“两个维护”上做得坚决、彻底，不折不扣，就能起到以上率下的作用，就能凝聚更广泛和更强大的力量。反之，就会影响党的团结统一，损害党的形象，危害人民事业。因此，对在“两个维护”上做得不坚决、不彻底的高级干部进行果断问责、严肃查处，十分必要，势所必然。

高级干部要作“两个维护”的表率，要有更清醒的政治敏锐性。牢固树立政治意识不能仅停留在口头上，而是要内化在思想深处；也不能仅停留在表态上，更要落实到具体行动中。要始终坚持从政治上考虑问题、分析问题、解决问题，一事当前，所言所行，首先要看是不是有利于维护习近平总书记党中央的核心、全党的核心地位，是不是有利于维护党中央权威和集中统一领导，是不是在政治立场、政治方向、政治原则、政治道路上同党中央保持高度一致。要及时向习近平总书记的指示批示看齐，要及时同党中央对标对表。

高级干部要作“两个维护”的表率，要有更坚定的政治执行力。政治执行力是政治能力的重要体现。要做到“三个坚决”，即“党中央提倡的坚决响应，党中央决定的坚决执行，党中央禁止的坚决不做”。要做到“三个决不允许”，即“决不允许‘上有政策、下有对策’，决不允许有令不行、有禁不止，决不允许在贯彻执行中央决策部署上打折扣、做选择、搞变通”。对习近平总书记的指示批示，对党中央的决策部署，坚决不允许慢半拍，等一等，看一看；坚决不允许讲条件，为不作为、缓作为找理由；坚决不允许存侥幸，欺上瞒下，蒙混过关。

高级干部要作“两个维护”的表率，要有更崇高的政治使命感。高级干部手中掌握着较大的权力，肩上也担负着更大的政治使命，要用手中的权力去完成党和人民赋予的政治责任，因而要有更崇高的使命感和责任感。当前在国内外发展环境发生较大变化的背景下，我们面临一些严峻挑战，一些重大的生态事件、民生问题，事关发展方向，关切人民利益，本身就是政治问题。善于从政治上看待问题、解决问题，就是为党分忧、为党中央分忧，就是为人民谋幸福，为民族谋复兴。

本文原载于《学习时报》2018年11月21日

中青年干部敢于斗争要善于“放下”自我

继2019年3月1日，习近平总书记出席中央党校（国家行政学院）中青年干部培训班开班式并发表重要讲话之后，春去秋来，9月3日，他再次在中青年干部培训班开班式上讲授开学第一课。面对台下65后、70后、80后的中青年干部们，他语重心长，谆谆教诲、殷殷嘱托溢于言表，充分反映了党的领袖对中青年干部的厚望和期待。连日来，从中央党校（国家行政学院）到全国各地，总书记的重要讲话在广大中青年干部中引起强烈的反响，特别是总书记讲话的主题，更是引起他们强烈的共鸣。

每次讲话奔着问题去，聚焦一个主题，这是习近平总书记自兼任中央党校校长以来，历次讲话的鲜明风格。这次讲话以发扬斗争精神、增强斗争本领为主题，要求中青年干部敢于斗争、善于斗争，具有极强的现实针对性，可以说，抓住了中青年干部中普遍存在的一个紧迫问题，也戳中了中青年干部心中的痛点，就是斗争思想不够充分，斗争意志不够坚定，斗争精神不够足备，斗争本领不够高强。这与我们当前面临的国内国际形势，与我们要实现的短期长远目标，远远不能够适应。

强调斗争的重要意义，根本建立在对中青年干部队伍深刻理解的基础之上。中青年干部绝大多数是在改革开放后的大环境下成长起来并走上各级领导岗位的，普遍具有知识充沛、理论充分、视野开阔等优势，但不同程度地缺乏重大事件历练、重大风险考验、重大危险淬炼，承平日久，目不明，嗅不敏，斗争的神经难免会麻痹，一遇风吹浪打，一遇急难险重，既缺斗争勇气，也少斗争办法，难以取得斗争胜利，影响和迟滞党和人民的事业。一些中青年干部不敢斗争，还有其深刻的主观原因。无论是在大是大非面前，还是在急难险重面前，不敢斗争的背后，始终隐藏着一个字：怕。一些中青年干部信奉的不是在斗争中成长、在斗争中发展、在斗争中壮大，而是担心在斗争中失去，失去人缘、失去信任、失去晋升空间。他们讲究稳，只有稳才能进，只有稳得住，才有进的机会，因而得了恐惧症，不敢斗争；得了软骨病，不愿斗争；得了无能症，不会斗争，在大是大非面前羞于亮剑，在矛盾冲突面前绕道而行，在危机困难面前能躲就躲，在歪风邪气面前忍气吞声。

中青年干部追求个人进步无可厚非，在更高的职位、更大的范围为党和人民竭心尽力不正是我们事业发展所需要的吗！但是，如果以自我为中心，工于个人设计，把晋升当作主要目标甚至唯一目标，在风险考验面前首先考虑的是保官升官，那他丧失的不仅仅是斗争精神，也丧失了一个共产党员和领导干部的初心。事实证明，这样的人不但走不远，反而还可能走向歧途。

善于放下才能敢于斗争，敢于斗争要善于放下。放下什么呢？对中青年干部来讲，就是要放下自我，放下小我，融入大我，在我将无我的斗争境界中成就那个“我”。这样的中青年干部才能担大事，这样的中青年干部才应大有前途。

广大中青年干部特别是青年干部是我们党最珍视的宝贵财富，是实现中华民族伟大复兴的中坚力量，我们要牢记总书记嘱托，不负总书记厚望，以党和人民事业为重，不在得与失的纠缠中裹足不前，不在进与退的纠结中浪费时光，以坚定的斗争意志、饱满的斗争精神、昂扬的斗争姿态、高超的斗争本领，投身到实现“两个一百年”奋斗目标的洪流中去。

本文原载于《学习时报》2019年9月6日

蹦起来干事业　弹起来守法纪

——与中央党校（国家行政学院）中青班学员共勉

2019年秋季学期中央党校（国家行政学院）中青年干部培训班即将结业，学员们圆满完成四个半月的学习，将返回各自的工作岗位继续为党和人民工作。加上春季学期中青班，去年一年，中央党校（国家行政学院）已连续举办两期中青年干部培训班。

培养选拔优秀年轻干部是一件大事，关乎党的命运、国家的命运、民族的命运、人民的福祉，是百年大计。加大中青年干部培训力度，是党中央着眼于实现“两个一百年”奋斗目标而采取的重大战略举措。令学员们难忘的是，两期中青班习近平总书记都出席并发表重要讲话，亲自上开学第一课。

在3月1日的讲话中，习近平总书记强调，广大干部特别是年轻干部要在常学常新中加强理论修养，在真学真信中坚定理想信念，在学思践悟中牢记初心使命，在细照笃行中不断修炼自我，在知行合一中主动担当作为，保持对党的忠诚心、对人民的感恩心、对事业的进取心、对法纪的敬畏心，做到信念坚、政治强、本领高、作风硬。

在9月3日的讲话中，习近平总书记强调，广大干部特别是年轻干部要经受严格的思想淬炼、政治历练、实践锻炼，发扬斗争精神，增强斗争本领，为实现“两个一百年”奋斗目标、实现中华民族伟大复兴的中国梦而顽强奋斗。

面对面接受习近平总书记的谆谆教诲，亲耳聆听领袖的殷殷嘱托，作为65后、70后和80后的中青年干部，内心自然是十分不平静。学习期间，大家围绕学习习近平总书记重要讲话精神发言表态、写文章谈体会：毕业之际，是否对自己的收获感到满意？特别是回到工作岗位之后，是否能把学习的成果转化成干事创业的动力和实效？是否能经受住实践的考验、斗争的考验？是否能在攻坚克难历练中不断成长、进步？或者最起码，是否能做到不懈怠、不退步、不掉队？

与一位学员交谈，我以两句话相赠。他听后说，你应该把这两句话送给所有中青班学员。好，就与中青班学员共勉。

这两句话：一句是蹦起来干事业，一句是弹起来守法纪。

先说第一句。我们正处在“两个一百年”奋斗目标的历史交汇点，我们共产党带领人民所干的事业是天底下最无私、最伟大的事业，值得中青年干部用精力和心力、用青春乃至生命去干。所谓蹦起来干事业，有两层意思，一个意思是，在干事业中，要不断树立新目标，树立更高的目标，不断挑战自我，迎接新我。中青年干部不可能没有想法，这完全可以理解，但是在所有的想法当中，压倒一切的想法应该是干事业，应该是更好地干事业。干得好比想得好更好。要干得好，就要按照党和人民的要求不停地树立更高的目标，这个目标既不是伸手可触，也不是踮踮脚就能够得着，而必须是蹦起来，能蹦多高就蹦多高，能蹦多高就把目标定多高，在蹦的过程中体现人生价值，体现干事成就，体现自我进步。另一个意思是，确定了更高目标，就要不惜力、用全力，去实现一个又一个目标。党和人民培养了我们、教育了我们，是让我们用心用力干事的，我们不能出工不出力，也不能表面上出力，实则藏一分力，更不能在关键时刻缩头退却，躲到一边当看客。我们要时刻体会，习近平总书记的教诲在激励我们；我们要时刻想到，习近平总书记的目光在注视着我们；我们永远不能忘记，习近平总书记的开学第一课，是我们的终身课。

再说第二句，弹起来守法纪。这里的法纪意义更广泛，既包括国家法律和党的纪律，也包括道德和公序良俗。一切不好的东西、危险的东西，无论它们披着什么样漂亮的外衣，诱惑力有多大，年轻干部都要始终保持高度的敏感，丝毫不能碰，丝毫不能沾，不能在河边走久了，湿了鞋也没有发觉，也不能在权力的职位上站久了，脚底生茧，变得不敏感起来。之所以用“弹起来”这个词，就是说要对红线、对底线有一种本能的反应，要把对法纪的敬畏、对道德的尊崇变成起心动念、知行一体的第一反应。

要到这个程度，需要永不停歇的修炼。党校学习虽然结束，但党的理论学习、党性锤炼、心性修养远没有休止，也不会有尽头。

蹦起来干事业，弹起来守法纪，前者说的是高线，后者讲的是底线。我们祝愿走出党校大门的中青年干部在干事业中步步登高，在法纪面前始终坚守住底线。

本文原载于《学习时报》2020年1月10日

来一次真落实

一分部署，九分落实，短短八个字，把部署和落实的关系说得形象、到位、深刻。一和九的比例，不仅是一个数量关系，当我们通过落实把蓝图变成现实的时候，我们看到的是质的变化和质的飞跃。

我们党是一个有远大理想的党，也是一个善于把远大理想和眼前目标结合起来的党，更是一个通过奋斗把理想变成现实的党。97年革命、建设和改革的成果，无不是真抓实干得来的。党的十八大以来取得的历史性成就、发生的历史性变革，也无不是真抓实干得来的。“大要有大的样子”，这“大的样子”中就包含了扑下身子抓落实的样子，脚踏实地躬身实干的样子，抓铁有痕、踏石留印求实效的样子。没有沉下心来、扑下身子抓落实，再伟大的目标，再美丽的蓝图，也只能是镜中花、水中月。

2018年是贯彻党的十九大精神的开局之年，也是决胜全面建成小康社会的关键之年。十九大已经指明了方向，确定了目标，擘画了蓝图，吹响了号角，接下来全党就是要在以习近平同志为核心的党中央带领下，落实落实再落实，在来一个大学习、来一场深调研的基础上，来一次真落实。让党中央的大政方针和决策部署真正落地生根。

真落实就得用真心。习近平总书记指出：“抓落实，是党的政治路线、思想路线、群众路线的根本要求，也是衡量领导干部党性和政绩观的重要标志。”习近平总书记如此强调抓落实，如果不是用真心抓落实，如果不是真落实，就不是一般性的问题，而是是不是讲政治、是不是保持高度一致的大问题。认识问题站的位置有多高，就会对解决问题付出的心思有多重。抓落实是党中央的要求，是党的事业的要求，是人民对美好生活的向往的要求，各级领导干部怎么能不用真心抓落实、不带着真情抓落实，怎么能不来一次真落实！

真落实就得用真劲。我们的事业需要诸葛亮，但是真抓实干不能都当诸葛亮，不能都羽扇纶巾；也不能光喊口号，不动手脚；更不能文头会尾，不问所终；还不能满足于传达不过夜、布置不隔日。真落实就得用真劲，真劲就是真抓的实劲、敢抓的狠劲、善抓的巧劲、常抓的韧劲。用真劲就是不惜力，有多大劲使多大劲。赶上新时代不容易，珍惜新时代要努力，奉献新时代是本职。

真落实就得有真效。检验是不是真落实的唯一标准，就是看有没有见真效。我们党的宗旨是为人民服务，我们一切工作都是以人民为中心，我们工作的目的就是为人民排忧解难，为人民谋利益、谋幸福，因此，人民满意不满意是对我们工作是否见真效的唯一评判。没有真落实，没有见真效，口号喊得再响，会议开得再多，文件发得再密，都只能是官僚主义的花衣裳、形式主义的花架子，人民群众是不会满意、不会答应的。

来一次真落实，对各级领导干部特别是一把手提出了真要求。要充分认识抓落实的责任，增强抓落实的本领，勇挑最重的担子，敢啃最硬的骨头，善接最烫的山芋，以钉钉子精神用真心抓落实，用真劲抓落实，把习近平新时代中国特色社会主义思想和党的十九大精神学习贯彻好，把党中央的决策部署贯彻落实好，把各项工作做实做细做好，让开局之年的“局”开得更好。

本文原载于《学习时报》2018年1月19日

换届后要有新作为大作为

继全国省级党委完成换届后，截至2018年2月初，全国省级人大、政府、政协相继完成换届。这次换届是在党和国家事业取得历史性成就、发生历史性变革的基础上进行的，是在以习近平同志为核心的党中央坚强领导下完成的。这次换届进展平稳顺利，人民群众认可度大幅提高，党员干部形象大幅提升，党组织向心力凝聚力普遍增强，组织工作落实全面从严治党要求、坚持从严管党治吏、切实解决各种顽障痼疾，赢得广大干部群众信任支持。可以说，这是一次人民群众和党员干部满意的换届。

省级领导干部是党的高级干部，是全面从严治党的“关键少数”，是我们党治国理政的重要骨干力量。走上省级领导岗位，厚望和重任就同时担在肩头。这一届，要打赢脱贫攻坚战；这一届，要啃改革硬骨头；这一届，要决胜全面建成小康社会。以什么样的精神状态和奋斗姿态投身新时代，广大党员看着你们，人民群众看着你们。

新时代要有新气象新作为，新时代要有大动作大作为，因为新时代就是大有作为的时代。赶上这样一个大有作为的时代，就不能辜负这样一个大有作为的时代。赶上新时代，成为“关键少数”，是幸运的，也是幸福的，但幸福是奋斗出来的，奋斗本身就是一种幸福。面对党的信任，面对人民期待，面对困难考验，面对繁重任务，除了甩开膀子带头干，撸起袖子加油干，还有什么别的选择？

一年之计在于春，开局起势见精神。我们看到，有的省已经有了大动作。春节长假后上班第一天，山东省委、省政府召开全面展开新旧动能转换重大工程动员大会，在比较、分析、总结的基础上，推出了一批大举措，省委书记也放了一批“狠话”。在大年初七，黑龙江省召开整顿作风优化营商环境大会，针对社会舆论反映强烈的营商环境问题提出整治措施。还有一些省份也大动作频频。这些作为在群众中和网络上反映强烈，从热烈的议论中无不让人感觉到一股久违的热气腾腾的奋斗局面。

“阴和启蛰，品物皆春。”2018年是全面贯彻十九大精神的开局之年，是决胜全面建成小康社会、实施“十三五”规划承上启下的关键之年，也是改革开放40周年。换届之后要有新作为大作为，首先就要在学习领会习近平新时代中国特色社会主义思想和学习贯彻党的十九大精神上有新作为大作为。“学习宣传贯彻党的十九大精神是全党全国当前和今后一个时期的首要政治任务”，要按照学懂弄通做实的要求，让新思想和新精神走心走深走实，以大学习的自觉、深调研的作风、真落实的行动，武装头脑、指导实践，解决问题、推动工作。

要在精准扶贫脱贫、打赢三大攻坚战、决胜全面建成小康社会中有新作为大作为。走上新的岗位，履行更重要职责，要一心为党，全心为民，以钢铁担当、过硬本领，做好本职工作。干一件事就要有一件事的成果，过去一年就要有一年的成效，在干实事、作奉献中留下好形象，在新作为大作为中留下好名声。

要在敢啃硬骨头、推进改革上有新作为大作为。职位高了，但不能高高在上，不能认为实的问题在下面、“虚”的问题在上面，因而满足于羽扇纶巾，发号施令，总玩虚的那一套。既不能爱惜羽毛，也不能爱惜牙齿。改革的任务很重，剩下的都是硬骨头，敢不敢碰、敢不敢啃，是考验领导干部是不是称职、愿不愿担当的试金石。

春风送暖，大雁北归。“关键少数”奋斗在前，以上率下，形成“头雁效应”，新时代的春天就会更美好。

本文原载于《学习时报》2018年2月28日

多建立功业　不计较功名

2018年两会期间，习近平总书记在参加山东代表团审议时强调，功成不必在我并不是消极、怠政、不作为，而是要牢固树立正确政绩观。既要做让老百姓看得见、摸得着、得实惠的实事，也要做为后人作铺垫、打基础、利长远的好事，既要做显功，也要做潜功，不计较个人功名，追求人民群众的好口碑、历史沉淀之后真正的评价。

习近平总书记的这段讲话，寥寥数语，朴实无华，但内涵丰富，寓意深刻，充分反映了当代共产党人的价值观、政绩观、功名观，是新时代各级领导干部必须大力践行的为政之道，必须深刻领会的功名新说。

功成不必在我，但建功立业必须有我。功成不必在我，讲的首先是功成，把该办的事情办好，办成功。如果事情办不好，办不成功，在不在我还有什么意义？“不必在我”也只能成为消极、怠政、不作为的借口。新时代属于我们每一个人，新时代的主旋律就是奋斗，就是作为，就是建功立业。各级领导干部要带头奋斗，率先作为，不仅要做新时代的见证者，更要以新时代开创者和建设者的奋斗姿态，以必须有我、舍我其谁的奋斗气概，干事创业，建功立业。归根结底，新时代是属于奋斗者的，唯奋斗者进、唯奋斗者强、唯奋斗者胜，同样，也唯奋斗者功成、唯奋斗者幸福。

功成不必在我，但事必干在当下，功则不必追求眼前。每一个人无疑都是奋斗者、都是建功立业的主体，但每一个人又都是奋斗者队伍中的一员，我们共产党人所追求的功成是大的事业、长远的事业，每一个奋斗者都要处理好大我与小我、眼前与长远的关系，立足当下，立足本职，把当下该做的事做好，把职责范围内的事做好，多想为事业、为大局、为长远带来什么，少想为个人、为小团体、为眼前带来什么。不管是显绩的工作，还是潜绩的工作，也不管是立竿见影的工作，还是作铺垫、打基础的工作，只要是党的事业、人民的事业需要做的工作，我们就要立即埋头做好，容不得半点拖延。至于说成果是不是马上就有，功劳是不是我的，则大可不必斤斤计较。在这方面想得多了，要么患得患失，要么急功近利，都是不可取的。

功成不必在我，但必须牢记初心和使命，为党和人民的事业不懈奋斗。中国共产党自成立起，就立志为中国人民谋幸福，为中华民族谋复兴，除了最广大人民群众的利益，没有自己的特殊利益，为了人民的利益，无数革命先烈赴汤蹈火，壮烈牺牲，别说什么功名，多少烈士连名字都没有留下。当前，中国特色社会主义进入新时代，我们党要以伟大自我革命推动伟大社会革命，仍然需要发扬伟大创造精神、伟大奋斗精神、伟大团结精神、伟大梦想精神。对我们每个人来讲，在奋斗的征程上，唯其多建立功业，不计较个人功名，才能与“伟大”相称。

本文原载于《学习时报》2018年4月2日

自强靠奋斗

在庆祝党的生日之际，我们可以自豪无比地讲，中国共产党依靠97年的伟大社会革命和伟大自我革命，已经成为世界上最强大的政党；我们可以自信满满地说，中国共产党团结带领中国人民，经过接续奋斗、艰苦奋斗、不懈奋斗，迎来了从站起来、富起来到强起来的伟大飞跃。党的十八大以来，以习近平同志为核心的党中央率领全国人民开创中国特色社会主义新时代，这个新时代就是强起来的时代，就是强国时代，就是自强时代。自豪不自满，自信又自醒，自强靠奋斗。强起来首先要干起来，要奋斗起来。

奋斗两个字，可不是随随便便来说的。了解中国共产党历史的人，无不对奋斗有深刻的体悟。新时代党员领导干部也要深刻理解奋斗的新要求。中央政治局委员、中央党校（国家行政学院）校（院）长陈希在今年春季学期第二批入学学员开学典礼上的讲话中指出："一个有奋斗精神的民族，才是有希望的民族；一个有奋斗精神的政党，才是有希望的政党；一个有奋斗精神的干部，才是符合党要求的干部。”可以说，奋斗精神是新时代共产党人最鲜明的底色，缺少了奋斗精神，无论党龄多长，无论职位多高，无论过去贡献多大，都不是合格的党员，在新时代都会黯然失色。

在革命时期，要奋斗就会有牺牲。中国共产党并不是一诞生就强大的，而是历经挫折、历尽磨难而浴火重生、淬火成钢的。到1949年新中国成立、中国人民站起来时，有党员400多万，但28年奋斗，我们牺牲的党员也有将近400万。那个时代，牺牲是和奋斗紧密联系在一起的，每一个加入中国共产党的党员都立志为共产主义事业而奋斗，随时准备在奋斗中牺牲生命。

在社会主义建设时期，要奋斗就要讲奉献。面对百废待兴的新中国，一大批优秀共产党员吃苦在前，奋勇当先，不惜隐姓埋名数十年，不惜献出青春献出子孙，筑就了一座座精神高地，诞生了不朽的红旗渠精神、大庆精神、“两弹一星”精神等。

在改革开放的新时期，要奋斗就要敢闯敢试。变换轨道，打开大门，中国以奋斗者的姿态，开始了大步追赶。没有现成的教科书可参阅，没有现成的模式可模仿，我们走的是一条全新的道路，靠的是一种敢试敢闯、敢为人先的奋斗精神。今天，我们已经站在了改革开放的新起点，小岗精神、特区精神、载人航天精神等鼓舞我们全面深化改革、提高开放水平。

今天，我们庆祝中国共产党成立97周年。明年，我们将迎来新中国成立70周年；2020年，将全面建成小康社会；2021

年，我们党将成立100周年；2035年，基本实现社会主义现代化；2050年，将全面建成社会主义现代化强国……强起来的新时代，一个一个闪亮的节点，一个一个伟大的目标，多么让我们憧憬，多么鼓舞我们做新时代的奋斗者。在奋斗中奉献和牺牲，在奋斗中作为和担当，在奋斗中创造和幸福，也在奋斗中成就自我、成就大我。

自强靠奋斗，奋斗见行动。做新时代的奋斗者，不是看谁的口号喊得最响、谁的花拳秀得最靓，而是看谁的行动最快、谁的效果最好。各级领导干部要走在前，作表率，在肯干事、会干事、干成事、不出事的奋斗中，展现新时代奋斗者的姿态，作出新时代奋斗者的样子。

本文原载于《学习时报》2018年7月11日

发扬“主动干精神”

干与不干不一样，这是再简单不过的常识和共识。但是，同样是干，主动干和被动干效果也不一样，而且有时候会大不一样。

一个单位也好，一个地方也好，大致总是存在着这样三部分人：一是不怎么干的，遇到活能躲就躲，能偷懒就偷懒，多一事不如少一事；一是可以干的，让干多少就干多少，让怎么干就怎么干；还有就是主动干的，眼里有活抢着干，心里想事赶着干，八小时之外也在干。

一个单位一个地方的面貌怎么样，和这三种人占的比重有直接关系。如果不怎么干事的人多了，事业就难有进步，甚至会退步；如果主动干的人多了，事业就会一步一个台阶，面貌就会苟日新，日日新。在新时代干事创业的队伍中，我们总是能够看到一个又一个、一批又一批想干愿干、主动干、积极干的人，他们中既有普通党员，也有领导干部。

习近平总书记指出，所谓干部，干是当头的。干字当头就是主动干，而不是被动干，更不是消极干。领导干部特别是主要领导主动干，干在前，作表率，对普通党员和人民群众就是一种带动，一种督促，不怎么干的和可以干的就会向积极方向转化，主动干的队伍就会越来越壮大，干部群众的积极性就会逐步提升，干事创业的氛围就会越来越浓。

在干部队伍中，主动干的自然是骨干，也是我们党的宝贵财富，值得我们特别珍惜。在实际工作中，那些主动干的往往都会给我们留下比较深刻的印象。

一是自觉地干。自觉干就是发自内心、由里向外地干。不干就心慌、就难受、就不舒服。他们把干事当作生命存在的方式和生命的一部分，只有干事生命才有存在的意义和价值。把重任交给这样的人，领导放心省心，群众满意喜欢。

二是不计名利地干。他们主动干既不是为了图名，也不是为了计利。如果图名计利的话，他们完全可以换一种干法或者到别的地方干。主动干的人往往都是有本事的人，是想干事、愿意干事并能干出成绩的人。他们干事完全是出于事业心、责任感。如果图名，那也是图的事业之名，如果计利也是计的群众之利。

三是创造性地干。办法都是困难创造出来的。主动干和创造性地干是紧密相连的。有了主动性才有创造性。创造性是“主动干精神”的重要内涵，也是重要特征。新时代是干事创业的好时机，但也面临新问题新矛盾新挑战，这就要求工作中既要想干愿干，也要能干会干，既要有主动性，也要有创造性。主动干的干部往往不会被困难和挑战吓怕、拖垮，反而会迎难而上，开创出事业发展新境界新局面。

有人说主动干的人犯“傻”。不错。一些人精致的利己主义，凡事从个人利益出发，干与不干，什么时候干、怎么干，衡量的标准是对自己有没有好处，符不符合自己的设计。在这样的人眼里，主动干可不就是“傻”，甚至会被窃笑。

有人说主动干的人容易出错，这也不错。干事多出错的机会就多，犯错的概率就大，这是人们共知的“规律”。一些人自以为参透了“规律”，凡事等等看看再说，懒作为，慢作为，甚至不作为。

正是因为有了被动干、不想干的人，才会衬托出主动干的可贵。如果说主动干的人是“傻”，那么这种“傻”恰恰是我们所倡导的“实”。主动干的人也不是不怕出错，但他们更怕失去干事创业的时机。

习近平总书记指出：“世界上没有坐享其成的好事，要幸福就要奋斗。”新时代就是干事创业的时代，是奋斗的时代，“主动干”是和新时代最合拍的节奏，是和奋斗最相符的同义语，是和幸福最相通的和鸣，我们应该在广大干部群众中倡导主动干精神，发扬主动干精神，践行主动干精神。

本文原载于《学习时报》2018年8月20日

“主动干精神”从何而来

物有其本，事有其源。主动干精神不是与生俱来的，也不是强灌输出来的。主动干精神的养成，既要有一定时间的积累，也要有多种养分的供给和培育。

主动干精神来自事业心。事业心就是初心——为中国人民谋幸福，为中华民族谋复兴。天底下最伟大的事业就是中国共产党的事业。作为党员干部，没有什么都不能没有事业心，忘了什么都不能忘了初心。有没有事业心是衡量是不是好干部的重要标准，也是能不能主动干的根由。一个干部有了事业心，有了干事的劲头，也就有了主动干的行动。

主动干精神来自责任感。心中有事业就能感到肩上有责任。党员干部特别是一个地方一个单位的主要领导干部应该时刻认识到，党组织把一个地方一个单位的事业交给我们，也就是把干好这份事业的责任交给了我们。要担当责任，就要干好事业，就要主动干、全力干，日月有绩才能事业有成。

主动干精神来自担当。关键时刻看担当。所谓关键时刻，就是大是大非面前，就是重大挑战关口，就是有可能牺牲个人利益、名誉甚至乌纱帽的时刻。有担当的干部能在关键时刻走在前、扛在前、干在前，是因为他们首先考虑的不是自我，而是大我，把党的事业、群众利益和全局大局看得比个人利益、名誉和乌纱帽更重要。他们甚至有一种把乌纱帽摘下来拿在手里、随时准备交出去的气魄和胆识，而绝不追求逃避责任的稳重、善踢皮球的聪明、得过且过的得体。所谓官职、职位和权力，只有在担当的时候才有价值和意义。

主动干精神来自党性。党员干部之所以区别于普通人，就是因为具有党性。人性是有弱点的，人性的弱点有很多，党性可以克服人性的不足，可以修正人性的弱点，可以把负面的变成正面的，把消极的变成积极的，把被动的变成主动的。党员干部只有不断锤炼党性，不断提高党性修养，才能变得越来越纯粹，越来越具有党性之美，越来越散发党性之光。在社会上，在工作中，在困难和挑战面前，即使不佩戴党徽，也能让人感觉到，他是一个党员干部，是一个拥有党性修养的人。

主动干精神来自忠诚。天下美德，莫大乎忠。党员干部对党忠诚、对人民忠诚、对领袖忠诚，是最基本的要求，也是最根本的要求。忠诚发自内心，与生命融为一体，才能自觉自愿、无怨无悔，不计得失、勇往直前。忠诚不能仅仅停留在口头上、表态上，而要落在实际中，体现在主动干上。说一千道一万，不干、不主动干、不干出成绩，就都是假的。

当前，我们面临的发展环境稳中有变，十分复杂，眼前的困难和挑战不少。党员干部要为党分忧，为党担责，迫切需要上下一心，主动干、埋头干，干出新成就，干出新面貌，干出新天地，干出一个全面小康社会和现代化强国。

本文原载于《学习时报》2018年8月22日

如何珍惜“主动干”干部

在我们的干部队伍当中，有一种干部，他们不待扬鞭自奋蹄，主动干事，能干成事，是我们干部队伍中的宝贵财富。我们应该关注他们，关怀他们，珍惜他们，让主动干干部队伍越来越壮大，让“主动干精神”越来越发扬光大。

关于“主动干精神”，我曾经写过两篇评论员文章，一篇是《发扬“主动干精神”》(学习时报2018年8月20日)，一篇是《“主动干精神”从何而来》(学习时报2018年8月22日)。这两篇短文引起较大反响，有的媒体还以特约评论员的名义进行转发。此后一段时间，也有读者给我反映，话没说完。3年多时间过去了，今天这篇算是不是赘言的补充。

记得刚参加工作那会儿，单位领导的一段话给我的印象极深刻：群众要善于表现，领导要善于发现。这里的所谓“表现”，就是你要干事，主动干事，能干成事，而不用瞻前顾后，想这想那，更不能工于设计，耍小聪明。这里的所谓“发现”，就是领导眼里要有干活的人，看得到谁在干，谁干得好、谁干得成。当然，干部的“表现”不是以领导的“发现”为前提。事实上，环顾左右，那些主动干干部，不管你发现没发现，看见没看见，他们依然在埋头苦干，不求任何回报是这类干部的典型特征。习近平总书记在浙江工作时对干部提出要求，要拎着“乌纱帽”为民干事，而不能捂着“乌纱帽”为己做“官”。他们就是拎着“乌纱帽”为民干事的人。

既然主动干干部是我们干部队伍中的宝贵财富，我们就要珍惜他们。那么应该怎么珍惜呢？组织上应该如何对待主动干干部呢?

给信任。信任是最大的使用，也是干部干事的重要动力源。组织信任是主动干干部的最大靠山。主动干干部往往把对党的忠诚、对人民的热爱转换成对组织的遵从和依靠。主动干干部不怕委屈、不怕告状、也不怕丢乌纱帽，最怕的就是对不起信任自己的组织。只要组织信任，只要组织叫干，就要一往无前，就会干出个样来。

给重任。主动干干部会在自己的职权范围内纵干到底、横干到边，但这并不意味着不用给更重要的任务、提更高的要求。恰恰相反，给重任就是一种信任，就是对主动干干部的最大肯定。主动干干部绝不是躺下来让人喂，也不是坐起来自己吃，而是蹦起来摘桃子，组织要根据蹦的高度给予相应的任务、提出相应的要求。

给环境。本事是一个定数的情况下，环境就是最大的变量了。孙悟空本事够大了吧，但他跳不出如来佛的手掌心。主动干干部再想干、再能干，也很难突破环境的束缚。主动干干部这也可以不要、那也可以不要，但不能不要干事的环境。从各个方面创造条件，给主动干干部一个全优的环境，不给主动干干部留下“还可以干得更好”的遗憾，就是对他们的最大支持。

给关怀。严管厚爱是我们对待干部的一个重要原则。主动干干部把心思和精力都用到干事上了，不会也没空常到领导身边晃动，既不会表功，也不会哭穷，更不会卖萌，所以常常不被“发现”。会哭的孩子有奶吃，会笑的孩子惹人爱，主动干干部往往既不会哭，也不会笑，更不会有意识地装哭假笑，而是以干事为乐事，以干成事为最大乐事。对他们，我们可以眼里没有，但心里必须有；我们可以不用给这给那，但关键时刻必须给予关怀。

本文原载于《学习时报》2022年2月21日

准确把握主题教育的目标任务

2017年10月召开的党的十九大决定，以县处级以上领导干部为重点，在全党开展“不忘初心、牢记使命”主题教育。一年多来，不忘初心、牢记使命已经成为广大党员干部政治生活的重要内容，大家在学习和领悟中不断加深对初心使命的理解和认识，对正式开展这次主题教育作了思想上的准备。在新中国成立70周年之际，在我们党在全国执政第70个年头的时刻，党中央决定正式起动主题教育，并召开工作会议进行部署，正当其时，意义重大。

贯彻落实会议精神，确保主题教育取得扎扎实实的成效，关键是牢牢把握主题教育的总要求，就是“守初心、担使命，找差距、抓落实”；关键是牢牢把握主题教育的根本任务，就是深入学习贯彻习近平新时代中国特色社会主义思想、锤炼忠诚干净担当的政治品格、团结带领全国各族人民为实现伟大梦想共同奋斗；关键是牢牢把握主题教育的具体目标，就是努力实现理论学习有收获、思想政治受洗礼、干事创业敢担当、为民服务解难题、清正廉洁作表率；关键是牢牢把握主题教育的方法步骤，就是把学习教育、调查研究、检视问题、整改落实贯穿主题教育全过程。

这次主题教育主题重大，但在规定的时间内要避免泛泛而论，更不能空对空、虚对虚，要把落脚点放到抓落实上，放到注重实际效果、解决实质问题上。要在准确把握中央精神的基础上，切实结合本地区本部门本单位实际，对准目标，积极推进。要对准理论学习有收获目标，在原有学习的基础上，推动学习习近平新时代中国特色社会主义思想往深里走、往实里走，提高运用党的创新理论指导实践、推动工作的能力。要对照思想政治受洗礼目标，深刻省思“四个意识”牢不牢、“四个自信”强不强、“两个维护”坚决不坚决；深刻省思对马克思主义的信仰、对中国特色社会主义的信念、对实现中华民族伟大复兴中国梦的信心坚定不坚定；深刻省思是不是始终忠诚于党、忠诚于人民、忠诚于马克思主义。要对准干事创业敢担当目标，看看是否还抱有强烈的政治责任感和历史使命感，是否还保持只争朝夕、奋发有为的奋斗姿态和越是艰险越向前的斗争精神。要对准为民服务解难题目标，找一找在坚守人民立场、树立以人民为中心的发展理念方面的差距，找一找为民谋利、为民尽责，以及帮助群众解决操心事、烦心事本事和能力方面的差距。要对准清正廉洁作表率目标，剖析在清清白白为官、干干净净做事、老老实实做人方面还有哪些不足，进而增强为民务实清廉的政治本色。

党中央对这次主题教育的目标任务作出了明确规定，我们一定要准确把握，精准对焦，在与实际的结合上下功夫，在创造性开展工作上铆实劲，确保主题教育取得实效。

本文原载于《学习时报》2019年6月5日

正确地学习党史

正确地学习党史，强调的是“正确”两个字。为什么要强调“正确”，因为有必要强调，因为存在着不正确地学习党史的现象。前不久遇到一位自称很熟悉党史的人，讲党的历史滔滔不绝，从事件到人物，从年代到细节，栩栩如生，如临其境，但是实际上，很多内容不准确、不全面，有的一听就是文学作品的演绎，而有的就是道听途说，以讹传讹，更有的根本就是海外媒体别有用心的胡编乱造。如此学习党史，咽在肚子里就算了，偏偏要说出去，要传播给人家，这危害就不能小看。还有的同志，一说学习党史，就找来一大堆党史方面的书来看，书倒是好看，也容易看得下去，但是所获得的史实，离真正的历史，却有不小的距离。除此，热衷于野史、传说的人也不在少数。因此，在全党开展党史学习教育之际，提醒正确地学习党史还是很有必要的。

历史是我们回不去的时光，但历史并不模糊，有时候走得愈远，反而愈加清晰。正如习近平总书记所指出的，中国共产党的一百年，是矢志践行初心使命的一百年，是筚路蓝缕奠基立业的一百年，是创造辉煌开辟未来的一百年。学习党史，首先要对中国共产党的一百年有一个基本的认识。这一基本的认识来自哪里？就来自习近平总书记关于党史的重要论述。党的十八大以来，习近平总书记围绕党史发表了一系列重要论述，系统回顾了我们党团结带领中国人民不懈奋斗的光辉历程，深入总结了党在各个历史时期创造的理论成果、积累的宝贵经验、铸就的伟大精神，深刻阐明了党为中华民族作出的伟大贡献、为解决人类问题提供的中国智慧、中国方案。这些重要论述是习近平新时代中国特色社会主义思想的重要组成部分，也是我们学习党史的指导思想，是学习党史不可脱离的导读和领学。认真学习、深刻领会习近平总书记关于党史的重要论述，对于我们学习党史，对于我们在学习过程中，如何将历史风云看得更清楚、历史规律想得更明白、历史必然悟得更透彻，特别是树立正确的党史观和历史观，具有重要的意义。

正确地学习党史，要心怀崇高的情感。崇高是人类情感所能达到的最高境界，是可以形成战无不胜的精神力量的感情活动。学习党史，是一个阅读的过程、思考的过程，更是一场精神的洗礼、崇高的体验。我们党在百年浴血奋斗中，无数次从逆境中转折，从困境中突围，从绝境中奋起，那波澜壮阔的画卷，那惊心动魄的场景，那肝肠寸断的牺牲，完全可以说，世界上没有任何一个政党的历史，像中国共产党这样，惊天地，泣鬼神。党能够从一次次失败走向一次次胜利，从一次次胜利走向一次次新的胜利，就是因为有崇高的理想、崇高的信念、崇高的目标。中国共产党的历史就是一部崇高的历史，也是一部用崇高写就的历史。今天我们学习党史，要心怀崇高的情感学习崇高的历史，在学习崇高中体验崇高，在学习崇高中让自己变得崇高。

正确地学习党史，要有端正的态度。有什么样的出发点，就能抵达什么样的境地。首先要搞清楚，为什么要学习党史？如果仅仅是因为被要求、被安排，迫不得已地学习，这样的学习态度是有问题的，也难以取得应有的效果。作为一名党员，自己志愿申请并经过宣誓加入的政党走过了一百年的不平凡的历程，迎来了一百年华诞，这是百年一遇的时刻，成千上万的共产党员，在百年奋斗历程中，先后牺牲和离去，他们没有机会和幸运与今天相逢。我们学习党史，回望走过的路，既是对自己所忠诚的组织、所信仰的理想表达一种崇高敬意，也是对自己作为一名共产党员成长历程的自我省视。作为党的一员，如果不了解党的历史，就无法理解自己的政治生命，而不理解自己的政治生命，政治上就白活了。

正确地学习党史，要读权威的著作。正确地学习党史，就要正确地读党史的书，读正确的党史的书。党史书籍很多很多，如何选择？标准也有，就是权威、权威、权威，就是要读权威的党史著作。所谓权威，可以从两个方面学习：一是权威部门编著的党史著作，一是权威作者撰写的党史著作。只有学习权威的党史著作，我们才能牢牢把握党的历史发展的主题和主线、主流和本质，才能正确认识党史上的重大事件、重要人物、重要会议等，从而增强反对历史虚无主义、抵制歪曲和丑化党史错误倾向的政治自觉。

本文原载于《学习时报》2021年2月26日

压倒性胜利之后反腐败节奏不变

有人臆测，全国人民热切期盼的反腐败压倒性胜利终于到来，反腐败是不是可以变节奏了？全国人民热切期盼的反腐败压倒性胜利到来没错，但是压倒性胜利之后，反腐败的节奏肯定不会变，这是刚刚结束的十九届中央纪委三次全会传来的最明确的信息。事实正是，会议结束仅两天，就传来又一只“老虎”入笼的消息。

我们都有看摔跤比赛的经验，当一个选手把另一个选手扳倒压在身下的时候，并不能立即判定压倒者获胜，而是进入裁判员读秒阶段。在关键的10秒之内，如果被压倒的选手能够重新站起来，则比赛可以继续进行，结局就很难预料。所以把对手扳倒不容易，扳倒之后保持一段更关键。这关键的一段就是巩固和发展。

“我们要继续推进全面从严治党，继续推进党风廉政建设和反腐败斗争。”面对反腐败斗争取得压倒性胜利，我们党异常清醒，也异常坚定，习近平总书记从取得全面从严治党更大战略性成果、巩固发展反腐败斗争压倒性胜利的高度向全党提出了明确要求，发出了继续战斗号令。那种认为反腐败可以变变节奏的看法，无论出于何种动机，都是站不住脚的。

压倒性胜利来之不易，必须巩固和发展。党的十八大以来，以习近平同志为核心的党中央坚持全面从严治党，下大力气推进党风廉政建设，反腐败斗争从胶着状态到形成压倒性态势直至取得压倒性胜利，可以说，全面从严治党取得重大成果，我们有理由为这一重大成果欢欣鼓舞。回顾十八大以来的反腐败历程，一个个重大案件的查处，一次次惊心动魄的斗争，也让人深刻认识到，这压倒性胜利来之不易，它是以习近平同志为核心的党中央坚强领导的结果，是纪检监察战线同志们敢于斗争的结果，是全党全国人民倾力支持的结果，更是我们党勇于不断推进自我革命的结果。我们要倍加珍惜这一成果，全力保护这一成果，努力巩固这一成果，对喘口气、歇歇脚、变节奏的思想保持高度的警惕，进行坚决的斗争。

反腐败斗争形势仍然严峻复杂，必须重整行装再出发。我们在看到反腐败斗争取得压倒性胜利的同时，必须看到反腐败斗争形势依然严峻复杂，我们要有打持久战的准备，保持永远在路上的执着。晴朗的蓝天绝不是靠一阵风吹来的，更不可能靠刮风来保持。一方面，党员领导干部特别是位高权重的领导干部被“围猎”、腐蚀的风险长期存在；另一方面，在持续高压态势下，腐败形式也会变得更加多样和隐蔽。面对依然严峻复杂的形势，反腐败不仅不能松懈，而且要以一以贯之的斗志坚定不移地推进。习近平总书记提出的2019年的6项任务，有很强的政治性、时代性、针对性，这就要求我们，务必继续发扬担当精神和斗争精神，主动作为敢于斗争，一体推进不敢腐、不能腐、不想腐，把贯彻好中央部署作为重大责任，落实落细、取得实效。

带领全国人民实现“两个一百年”奋斗目标，必须不断进行自我革命。我们党是一个坚守初心的党，也是一个拥有阶段性目标和长远目标并为之不懈奋斗的党。党的十九大已经擘画了到本世纪中叶我们要实现的宏伟蓝图。带领全国人民实现宏伟目标和远大理想，党必须立足和着眼于长期执政，必须时刻保持先进性和纯洁性，必须时刻同一切损害党的先进性和纯洁性的现象作斗争，这充分彰显了以习近平同志为核心的党中央“把党的伟大自我革命进行到底”的坚定信心。只要我们党的肌体上还有脓疮腐肌，我们就会毫不犹豫地拿起手术刀刮骨疗毒，这体现了我们党自我净化、自我革命的高度自觉，也成为我们党一路走来的鲜明品格，更成为我们党赢得人民拥戴、赢得世界尊敬的根本所在。

本文原载于《学习时报》2019年1月21日

既是之一，更是唯一

——六中全会精神学习笔记（一）

审议通过《中共中央关于党的百年奋斗重大成就和历史经验的决议》（以下简称《决议》）是党的十九届六中全会的主要任务，也是重大成果。学习领会全会精神，最关键的是吃透《决议》精神。

高度重视总结历史经验，是我们党的宝贵传统。毛泽东同志指出："如果不把党的历史搞清楚，不把党在历史上所走的路搞清楚，便不能把事情办得更好。"1945年，在争取抗日战争最后胜利的关头，党的六届七中全会通过了《关于若干历史问题的决议》，对若干重大历史问题作出结论，增强了全党团结，为党的七大胜利召开创造了充分条件。

进入改革开放新时期，邓小平同志指出："历史上成功的经验是宝贵财富，错误的经验、失败的经验也是宝贵财富。"1981年，党的十一届六中全会通过了《关于建国以来党的若干历史问题的决议》，总结社会主义革命和建设的历史经验，对一些重大事件和重要人物作出评价，分清了是非，统一了全党思想。

习近平总书记指出，“历史是最好的教科书”，“要了解我们党和国家事业的来龙去脉，汲取我们党和国家的历史经验，正确了解党和国家历史上的重大事件和重要人物”。因此，在党成立一百周年的重要历史时刻，在党和人民胜利实现第一个百年奋斗目标、全面建成小康社会，正在向着全面建成社会主义现代化强国的第二个百年奋斗目标迈进的重大历史关头，全面总结党的百年奋斗重大成就和历史经验，对推动全党进一步统一思想、统一意志、统一行动，团结带领全国各族人民夺取新时代中国特色社会主义新的伟大胜利，具有重大现实意义和深远历史意义。

决议是我们党就有关重大事项作出决定的一种方式，在我们党的百年历程中，制定的决议或决议案不在少数。而称得上“历史决议”的，则只有三个。

历史是一个联系的过程，具有内在的演进逻辑。我们今天学习领会《决议》，确实有必要联系之前的两个历史决议才能理解得更全面更深刻。六中全会通过的《决议》被称为百年党史上的第三个历史决议，也就是说，是三个历史决议“之一”。我们讲“之一”，强调的是历史的连续性。但历史是连续性和阶段性的统一，既要看到连续性，也要看到阶段性。从党的百年历史来看，六中全会通过的《决议》又具有唯一性，是我们百年党史上的唯一。我们在学习的时候，既要看到之一，更要看到唯一，要把握这个“唯一”的内涵，理解这个“唯一”的要义，践行这个“唯一”的旨归。

它是在建党百年之际制定的历史决议。我们党从创建时期的50多人，发展成为拥有9500多万名党员、执政70多年、正在带领全世界人口最多的国家迈向现代化强国的世界第一大政党，已经走过了百年波澜壮阔的历程。百年节点看百年，世界上没有哪个政党像中国共产党这样，经历过如此多的磨难，付出过如此大的牺牲；也创造了如此重大的历史功绩，取得了如此宝贵的历史经验。

它是对党的一百年历史的全面总结。《决议》着眼的不是党的某一个历史阶段，也不是若干历史问题，而是聚焦总结党的百年奋斗重大成就和历史经验，正如习近平总书记所指出的，深入研究党领导人民进行革命、建设、改革的百年历程；深入研究党坚持把马克思主义基本原理同中国具体实际相结合、同中华优秀传统文化相结合，不断推进马克思主义中国化的百年历程；深入研究党不断维护党的团结、维护党中央权威和集中统一领导的百年历程；深入研究党为中国人民谋幸福、为中华民族谋复兴的百年历程；深入研究党加强自身建设、推进自我革命的百年历程；深入研究历史发展规律和大势。在此基础上全面总结了中国共产党百年奋斗的历史意义、历史经验。可以说，《决议》既是百年党史的浓缩版，更是百年党史的升华版。

它重点强调了新时代党和国家事业取得的历史性成就、发生的历史性变革和积累的新鲜经验，突出了新时代在百年党史中的地位与作用。《决议》全文3.6万字，近2万字书写新时代。当然，突出新时代不仅仅体现在字数和篇幅上，更体现在许多重大的深刻的论述和判断上，比如，“两个确立”的提出、13个方面成就的论述等。

它是我们党面向未来、引领复兴的政治宣言。历史决议是总结历史的，但绝不是为总结历史而总结历史，而是立足当前，聚焦我们正在做的事情；面向未来，引领我们将要实现的伟大梦想。所以，我们的历史决议是完全经得起历史的检验的。从2022年，我们党召开二十大的时候看，从2035年，我们基本实现社会主义现代化的时候看，从2049年，我们实现第二个百年奋斗目标的时候看，这份历史决议，越看就会越突出它的时代价值、历史价值。

当然，认真学习、深刻领会《决议》，还可以从更多的方面、角度来理解决议的唯一，但仅就这几个方面来讲，就足以使我们在“之一”当中体会“唯一”的意蕴。

本文原载于《学习时报》2021年12月20日

辉煌百年路，领袖引路行

——六中全会精神学习笔记（二）

作为一名党员，学习党的十九届六中全会精神要把自己摆进去。我们写申请、填志愿、发誓言加入的党迎来百年华诞，当此重大关头，六中全会通过《中共中央关于党的百年奋斗重大成就和历史经验的决议》（以下简称《决议》），我们作为9500多万名党员中的一分子，无论是学习百年党史，还是领会《决议》精神，绝不能把自己当作局外人，置身“史”外，因要求而学习，为学习而学习。中国共产党的百年历史，跨越现代和当代，历经新民主主义革命时期、社会主义革命和建设时期、改革开放和社会主义现代化建设新时期、中国特色社会主义新时代，目前经历四个时期的党员已经很珍贵了，经历三个时期的还不在少数，经历两个时期的占了绝大多数，而所有的党员都正在经历新时代。所以，百年党史中是有我们每一个党员位置的，我们不仅是党史的学习者、受教者，而且是党史的经历者、见证者，更是党史的书写者、创造者。作为百年党史的重要组成部分，党的十八大以来的新时代，我们一起走过；新时代的历史性成就，我们一起创造；新时代的伟大荣光，我们一起享有。九年时光，仿佛昨天，历历在目。

历史从来都不是抽象的，历史因历史人物而生动，因伟大人物而伟大。伟大的历史总是和伟大的人物相伴随。我们党的百年历程完全称得上伟大，一个很重要的原因，就是在历史发展中产生了一批伟大人物，伟大人物又推动历史不断向前，成就历史伟业。在不同的历史时期，我们党的领袖始终站在时代前列，掌握历史主动，引领中华民族实现一次又一次伟大飞跃，中华民族伟大复兴进入不可逆转的历史进程。

百年党史是一幅流动的画卷。夺取新民主主义革命伟大胜利，我们不会忘记以毛泽东同志为主要代表的中国共产党人，把马克思列宁主义基本原理同中国具体实际相结合，开辟了农村包围城市、武装夺取政权的正确革命道路，创立了毛泽东思想，为夺取新民主主义革命胜利指明了正确方向。完成社会主义革命和推进社会主义建设，我们同样不会忘记毛泽东同志提出把马克思列宁主义基本原理同中国具体实际进行“第二次结合”，丰富和发展了毛泽东思想。毛泽东思想是马克思主义中国化的第一次历史性飞跃。进行改革开放和社会主义现代化建设，我们不会忘记以邓小平同志为主要代表的中国共产党人、以江泽民同志为主要代表的中国共产党人、以胡锦涛同志为主要代表的中国共产党人，团结带领全党全国各族人民，不断开创改革开放和社会主义现代化建设新局面，形成中国特色社会主义理论体系，实现了马克思主义中国化新的飞跃。

党的十八大以来，中国特色社会主义进入新时代。以习近平同志为主要代表的中国共产党人，坚持把马克思主义基本原理同中国具体实际相结合、同中华优秀传统文化相结合，创立了习近平新时代中国特色社会主义思想。《决议》以“十个明确”来阐释这一思想的深刻内涵，指出“两个确立”对新时代党和国家事业发展、对推进中华民族伟大复兴历史进程具有决定性意义，全面概括了13个方面的历史性成就。学习六中全会精神，研读《决议》，深刻感悟新时代，应该紧紧抓住一个“根本”，这个根本就是习近平总书记掌舵领航。党确立习近平同志党中央的核心、全党的核心地位，确立习近平新时代中国特色社会主义思想的指导地位，是党之大事、国之大事、民之大事，也是党之大幸、国之大幸、民之大幸，“两个确立”是新时代的根本标志，是新时代的“根”和“魂”。

《决议》指出，“以习近平同志为核心的党中央，以伟大的历史主动精神、巨大的政治勇气、强烈的责任担当……推动党和国家事业取得历史性成就、发生历史性变革”。在这里，“伟大的历史主动精神”“巨大的政治勇气”“强烈的责任担当”，我觉得也是对习近平总书记政治品格的恰当描述。党的十八大以来的实践证明，无论是以习近平同志为核心的党中央，还是习近平总书记本人，这样的评价都是当之无愧的。

概述也许过于抽象，但文字背后的画面是无比生动的，一幅幅、一幕幕都刻在了人民的心里。人民领袖从来没有像今天这样离人民如此之近。从忙碌的一天到忙碌的一周，从忙碌的一月到忙碌的一年，为了人民幸福，为了民族复兴，习近平总书记日理万机、夙夜在公的奋斗形象，我将无我、不负人民的崇高境界，赢得了人民的衷心拥戴，为广大党员干部特别是高级领导干部树立了光辉榜样。榜样的力量是无穷的，情感的力量是不可估量的，广大党员和人民群众对习近平总书记的情感认同是政治认同、思想认同的有力促进，是做到“两个维护”的深厚基础。

辉煌百年路，领袖引路行。今天的中国共产党作为一个大党，之所以有大的样子，有大的力量，有大的胸怀，正是因为有习近平总书记这样一位新时代的领袖。2022年，我们党将召开具有历史意义的二十大，在习近平总书记的带领下，全党全国人民将更加团结一致，意气风发地迈向中华民族伟大复兴的灿烂明天。

本文原载于《学习时报》2021年12月27日

百年党史的四个鲜明品格

——六中全会精神学习笔记（三）

历史不仅有史实，也有精神和品格。历史的品格既在历史的书写中，也在历史的品读中。党的十九届六中全会通过的《中共中央关于党的百年奋斗重大成就和历史经验的决议》（以下简称《决议》）将党的百年奋斗史分为四个历史时期，取得了四个“伟大成就”，相应地也产生了百年党史的四个鲜明品格，对这四个品格的内涵及其特征进行分析解读，有助于我们加深对党的百年奋斗重大成就和历史经验的领会和理解。

《决议》序言的第二段是这样写的：一百年来，党领导人民浴血奋战、百折不挠，创造了新民主主义革命的伟大成就；自力更生、发愤图强，创造了社会主义革命和建设的伟大成就；解放思想、锐意进取，创造了改革开放和社会主义现代化建设的伟大成就；自信自强、守正创新，创造了新时代中国特色社会主义的伟大成就。党和人民百年奋斗，书写了中华民族几千年历史上最恢宏的史诗。

这一段，用最简练的文字，对党的百年历程作了最集中的概括。在学习领会上，我们自然要把注意力和关注点放到四个历史时期和四个伟大成就上。我反复学习和领会，觉得每一个“创造”前面的修饰词也绝对不能忽视，它们不是可有可无的。虽然从语法上看，没有这些修饰词，并不影响句子的完整性，甚至还显得更为简练，但是有了这些修饰词，就使每一句重大判断既有了筋骨，又见到魂魄，让文字有了画面感，明显起到了让历史活起来的作用。事实上，四组修饰词，32个字，它们不仅是对百年党史四个历史时期非凡历程的凝练概括和准确描述，而且集中揭示了百年党史的四个鲜明品格，为我们学习领会党的百年奋斗重大成就和历史经验提供了最形象、最生动的“导语”。

要认识新民主主义革命的伟大成就，就要理解党领导新民主主义革命时期的浴血奋战、百折不挠。中国共产党于内忧外患中诞生，不仅是开天辟地的大事变，而且要干开天辟地的大事，这就是反对三座大山，争取民族独立、人民解放。为了实现这一神圣目标，中国共产党带领中华优秀儿女艰辛探索、坚定前行，遭受挫折失败，历经险境绝境，克服千难万险，付出重大牺牲，终于迎来了人民当家作主的新中国的诞生。这28年的革命斗争，没有比“浴血奋战、百折不挠”更能准确概括和形容的了。

要认识社会主义革命和建设的伟大成就，就要理解党领导人民在社会主义革命和建设时期的自力更生、发愤图强。新中国是在一穷二白的基础上建立的，面临政治、经济、军事等方面的一系列严峻挑战，国内外环境错综复杂，社会主义革命和建设任务异常艰巨。党带领人民独立自主地对社会主义道路进行了艰辛探索，完成了社会主义革命，最终消灭了一切剥削制度，取得了社会主义革命和建设的巨大成就，实现了中华民族有史以来最为广泛而深刻的社会变革，实现了一穷二白、人口众多的东方大国大步迈进社会主义的伟大飞跃，赢得了世界的刮目相看。“自力更生、发愤图强”是这一时期最真实的写照。

要认识改革开放和社会主义现代化建设的伟大成就，就要理解党领导人民在改革开放和社会主义现代化建设时期的解放思想、锐意进取。改革开放是我们党的一次伟大觉醒，之所以这么说，是因为我们解放思想、实事求是，果断作出了把党和国家工作中心转移到经济建设上来、实行改革开放的历史性决策；是因为我们锐意进取、开拓创新，在改革开放的旗帜下，实现了从生产力相对落后的状况到经济总量跃居世界第二的历史性突破，实现了人民生活从温饱不足到总体小康、奔向全面小康的历史性跨越。改革开放是这一时期的鲜明标识，“解放思想、锐意进取”是这一时期的鲜明品格。

要认识新时代中国特色社会主义的伟大成就，就要理解党领导人民在中国特色社会主义新时代的自信自强、守正创新。党的十八大以来，中国特色社会主义进入了新时代。这个新时代不是时间的自然延续，而是以习近平同志为核心的党中央领导全国人民开创出来的。承前启后，继往开来，我们实现了第一个百年奋斗目标，开启实现第二个百年奋斗目标新征程。新时代的九年，只占百年党史的不足十分之一，但是党和国家事业取得了历史性成就，这既是我们自信自强的基础，也是我们自信自强的结果；党和国家事业发生了历史性变革，这是我们把握历史主动、保持战略定力，既坚持正确政治方向，又坚持改革开放不动摇、不止步的结果。新时代是继续夺取中国特色社会主义伟大胜利的时代，是全面建设社会主义现代化强国的时代，是逐步实现全体人民共同富裕的时代，是奋力实现中华民族伟大复兴中国梦的时代，也是不断为人类作出更大贡献的时代。“自信自强、守正创新”是伴随新时代新征程步伐最响亮、最和谐的“画外音”。

浴血奋战、百折不挠；自力更生、发愤图强；解放思想、锐意进取；自信自强、守正创新。百年党史的四个鲜明品格，是在伟大建党精神的涵养中生成的，彰显了我们党百年奋斗的阶段性特征，昭示了我们党的初心使命，与伟大建党精神相融相通，相承相映，为我们深刻领会党的百年奋斗重大成就和历史经验，提供了一个经纬交织、浑然天成的“基本盘”。

本文原载于《学习时报》2022年4月13日

极少数年轻干部为何会一脚踏空?

先看一位年轻干部的简历:

张某某，1970年出生，2000年30岁时任团省委副书记，其间还曾挂职最高人民检察院职务犯罪预防厅副厅长，2008年升任团省委书记，38岁成为正厅级干部，2011年任地级市市长，5年后任另一地级市市委书记。

再看一则通报:

2021年5月9日，中央纪委国家监委网站发布消息：张某某涉嫌严重违纪违法，目前正接受纪律审查和监察调查。

在被调查前，张某某身上最亮眼的标签是“全国首个70后地级市市长”“全国最年轻地级市市长”等，俨然一颗耀眼的政治新星。张某某的案例虽然典型，但却不能说个别。从近年来受处分的党员干部来看，1980年以后出生的比例不低，而且正呈逐年增长趋势。

为什么这些年轻干部风华正茂，一路走来，走着走着却一脚踏空，“扑通”一声栽进坑里?

我们对照习近平总书记在2022年春季学期中央党校（国家行政学院）中青年干部培训班开班式上的重要讲话，看看他们是如何辜负了总书记的殷殷嘱托、辜负了人民的热切期盼、辜负了自己的大好年华的。

习近平总书记强调，理想信念是立党兴党之基，也是党员干部安身立命之本。年轻干部接好班，最重要的是接好坚持马克思主义信仰、为共产主义远大理想和中国特色社会主义共同理想而奋斗的班。

对张某某等极少数年轻干部来讲，他们究竟是怎么想的呢？在他们眼里，在他们心里，马克思主义太旧了，共产主义太远了，社会主义太长了，理想信念太虚了，只有金钱是实的，只有享受是真的，他们已经忘记了我们党的立党兴党之基，早已抛弃了党员干部的安身立命之本，彻底辱没了接班人的使命和责任。

习近平总书记强调，党员干部只有胸怀天下、志存高远，不忘初心使命，把人生理想融入党和人民事业之中，把为人民幸福而奋斗作为自己最大的幸福，才能拥有高尚的、充实的人生。

一个人的生命是有限的，也可以是无限的，关键是为谁而活。那些掉进坑里的年轻干部，在他们眼里，在他们心里，哪里还有人民，哪里还有党和人民的事业。他们三观不正，五观尽毁，臆想在金钱里捞到幸福，在虚荣中延长生命，到头来所有的努力皆化为零，剩余的人生一文不值，把大好年华活成一个好大笑话！

习近平总书记强调，年轻干部必须牢记清廉是福、贪欲是祸的道理，经常对照党的理论和路线方针政策、对照党章党规党纪、对照初心使命，看清一些事情该不该做、能不能干，时刻自重自省，严守纪法规矩。

现在的年轻干部普遍学历比较高，理论水平也不低，之所以极少数人会一脚踏空，掉进坑里，是因为在他们眼里，在他们心里，党章党规党纪都是对着下边的人说的，都是要求别人做的，即使自己做了不该做、干了不该干的事情，只要隐蔽得巧妙，是不会暴露的，那些被查的干部都是“倒霉蛋”。天网恢恢，他们忘了，欠的总是要还，做的总是要报，底线永远不能破，红线永远不能碰。

习近平总书记强调，守住拒腐防变防线，最紧要的是守住内心，从小事小节上守起，正心明道、怀德自重，勤掸“思想尘”、多思“贪欲害”、常破“心中贼”，以内无妄思保证外无妄动。

人非圣人，任何一个人都会有“心中贼”和“内妄思”，有并不可怕，可怕的是无破之功，更可怕的是放纵其野蛮生长，越长越猛，以至于长成一个无法控制的怪兽。所以年轻干部要修心、要养心，要常念共产党人的“心经”，要增强心之力，心力强了，才能管住口，不该吃的不吃；管住手，不该伸的时候不伸；管住腿，在大坑面前、在陷阱边缘及时止步。

习近平总书记强调，干部守住守牢拒腐防变防线，要层层设防、处处设防。要守住政治关，守住权力关，守住交往关，守住生活关，守住亲情关。

年轻干部的成长不会一帆风顺，年轻干部成就一番事业更要付出很多。年轻干部起码要练就两大本领，一是攻，一是守。攻，就是要为党和人民多干事、干实事。守，就是要守“五关”、守底线。攻要克难，守也非易。总书记强调的“五关”，任何一关守不住，都会栽跟头，都会掉坑里。

习近平总书记一连六次在中青年干部培训班开班式上发表重要讲话，其念兹在兹，其殷殷之情，年轻干部要用心用情感悟，逐字逐句对照省思，对标对表校正思想言行，用先锋模范砥砺心志，用反面典型警醒头脑，像总书记要求的那样，为党和人民事业拼搏奉献，在新时代新征程上留下无悔的奋斗足迹。

本文原载于《学习时报》2022年3月14日

关键时刻为何会“掉链子”

就算平时说得再多、说得再好，若关键时刻“掉链子”，顶不上、顶不住，让人民生命财产受损失，让党和政府形象受损害，这样的领导干部就是不担当不作为，就是对党不忠诚。

现在，我们自然不会再有革命战争时期那种血与火的生死考验，但是关键时刻还是常遇到的。比如，面对暴雨洪水来袭，人民生命安全受到威胁时；比如，面对妇女身心遭戕害，舆论持续喧嚣时；比如，面对新冠肺炎疫情突发频发，群众急难愁盼时；等等。对我们的领导干部来说，考验在平时，更在关键时刻。看一个干部是否称职、优秀、过硬，关键看“关键时刻”。从某种意义上来讲，我们的领导干部就是为关键时刻而用的，关键时刻“掉链子”，这样的干部组织不放心，人民群众不拥护，对他们进行问责追责，处分、降职直至摘掉“乌纱帽”，是完全必要的。

关键时刻“掉链子”的干部有共同的特点：

一是等。面对突发事件、危急关头、尖锐矛盾，他们不是第一时间冲上第一线果断处置，而是采取等的办法。等什么呢？等领导发话，等上级指示。没有指示批示，就不动、就继续等，一些事情往往在等中错过了最佳处置时机。

二是瞒。事件发生了，不是坦然面对，用有力举措积极化解，用实际行动减少损失，而是试图瞒天过海，企图大事化小、小事化了，然后继续过太平日子。事实证明，瞒是瞒不住的，瞒的结果只能把小事瞒大、大事瞒炸，到头来损失更大，负面影响更大，太平日子终究也过不成。

三是拖。有的领导干部信奉网络时代热点变换快，新的热点不断涌现，原来的热点很快就会被淹没、被遗忘，拖一拖就过去了。这是典型的侥幸心理。现实是最生动的课堂，它教育我们的干部，遇事不能拖，越拖越被动、越拖事越大，最终把自己也拖到不可自拔的地步。

四是躲。一个事件的出现，往往会事关多个部门，有的领导干部第一反应就是躲事，你躲我也躲，你躲一步、我躲两步。看足球的都知道，球来了你不能猫腰躲过去，而是要挺胸迎上。中国女足队员就是迎球而上的，受到广泛赞誉。我们的领导干部要向女足学习，迎着球上。球员躲球，不仅会输球，而且会输人格。领导干部躲事，不仅躲不掉事，反而会背上不担当、不作为的名声。

等、瞒、拖、躲，这些表现犹如一扇扇屏风，其实背后都藏着一个“怕”字。怕什么呢？怕担责任、怕丢官职。归根结底，这是职权和责任的天平严重失衡，把自己的官位看得过重、官帽捂得过紧，而把党和人民事业、把人民群众利益看得过轻。大事当前，两者的分量如何掂量，决定了领导干部的作为，是拎着“乌纱帽”为民干事，还是捂着“乌纱帽”为己做官。习近平总书记曾为那种捂着“乌纱帽”为己做官的领导干部画过像：一事当前先为自己打算，对权力、荣耀与利益津津乐道，而把党和人民的希望和重托放在次要的位置上。无事时工作得过且过，一旦遇到事关群众利益和生命财产安全的重大事故，首先不是想着人民群众的冷暖安危，而是千方百计强调客观原因，推卸责任，保全自己。他教诲各级领导干部，“乌纱帽”再大，也大不过人民的生命财产安全和群众的切身利益。

习近平总书记指出，关键时刻冲得上去、危难关头豁得出来，才是真正的共产党人。冲得上去就是挺身而出，不能掉链子；豁得出来就是豁得出一切甚至生命，自然也要豁得出“乌纱帽”。党的十八大以来，在关键时刻、危难关头涌现出一大批冲得上去、豁得出来的党员干部，成为新时代的先锋模范，是我们学习的榜样。同时，对那些关键时刻、危难关头不担当不作为的果断问责追责，也处理了一批领导干部，这些反面典型成为我们的镜鉴。这充分说明，只要关键时刻“掉链子”，“乌纱帽”想捂是捂不住的。

本文原载于《学习时报》2022年3月28日

对“时时放心不下”来源的追问

2022年4月29日的中央政治局会议引人注目。上午开的会，中午即发消息，稳市场、强信心的信息传递十分清晰，效果明显。会议的新闻通稿中有一段话是针对领导干部讲的：会议强调，各级领导干部在工作中要有“时时放心不下”的责任感，担当作为，求真务实，防止各类“黑天鹅”“灰犀牛”事件发生。各级党委和政府要团结带领广大干部群众齐心协力、顽强拼搏，以实际行动迎接党的二十大胜利召开。

在这段话中，我特别注意到“时时放心不下”这几个字。这几个字是加了引号的，说明“话”有来源。

半个月前，习近平总书记在海南考察时也同样引用过这句话：“‘慎终如始，则无败事。’百年变局，一件事一件事出来，一会儿灰犀牛，一会儿黑天鹅。对变化莫测的形势要有一种底线意识、危机意识……诸葛一生唯谨慎，吕端大事不糊涂。有位革命前辈曾说过这样的话，‘时时放心不下’。我听了很有共鸣。”

在这段话中，习近平总书记不仅引用了“时时放心不下”，而且提示我们，是一位革命前辈说的。

那么，究竟是哪一位革命前辈说的呢？于是，我开始在网上搜寻。一搜发现，虽然中央政治局会议消息公布不足半天，但是已经有包括中央主要媒体在内的评论文章。再往前，转载量比较大的是2018年10月《人民日报》上的一篇言论，标题是《领导干部干好工作要“时时放心不下”》。文章的第一段是这样写的：一位领导同志在一次会议上回忆他在地方工作时春节不回家团聚、仍然守在岗位上的往事。当时有位老领导问他原因，他说：“春节怎么回家啊，回家了有事了，我不还得跑回来，省得折腾了，我得随时准备有事啊。”这位领导同志解释说：“我是按照一位老前辈的话来工作的。这位老前辈说，我们的工作状态就应该是时时放心不下。我听到这句话，就一直作为座右铭。”文章虽没有直接说哪一位老前辈说的这话，但举了两位老前辈的例子：聂荣臻同志心系当年一起战斗生活的阜平乡亲们，留下了“阜平不富，死不瞑目”的心愿。任弼时同志长期抱病工作，竭诚奉献，“能坚持走一百步，就不该走九十九步”，被称为“党的骆驼、中国人民的骆驼”。

我在搜寻的过程中，读到习近平总书记也讲过类似的话，那是2015年1月13日，在十八届中央纪委五次全会上，习近平总书记说：“我在地方工作时，逢年过节都得值班，生怕出了什么事。很多地方和部门的负责同志一到节假日就不见了，到外地去休假了。跑到那么远的地方怎么放得下心？一旦有个什么事怎么办？”可见，对党的事业和人民群众的利益，习近平总书记是时时放心不下的。时时放心不下，就是习近平总书记从政经历的真实心声和写照。

在网上花了几个小时，看了数十篇资料，没有得到我想要的答案。于是，我想到朋友圈，便在微信朋友圈把这个问题提了出来。很快就有人回复。有人说这位革命前辈应该是罗荣桓。其实我在网上搜寻的时候，已经发现了罗荣桓“放心不下”的故事。让这位元帅放心不下的究竟是什么呢？在罗荣桓生命的最后时刻，他拉着妻子林月琴的手含泪说道：我死后只有一个要求，组织上分给我的房子你就不要住了，搬到一般的房子就行，不能搞任何的特殊。这么多年来，你为我作出了巨大的牺牲，我的心中很是感激。罗帅去世后，林月琴不顾众人劝阻，毅然从国家分配的房子里搬出来。有人说是焦裕禄。焦裕禄是县委书记的榜样，习近平总书记曾多次讲到他当年听到焦裕禄事迹时受到的震撼，“1966年2月7日，《人民日报》刊登了穆青等同志的长篇通讯《县委书记的榜样——焦裕禄》，我当时上初中一年级，政治课老师在念这篇通讯的过程中多次泣不成声。特别是念到焦裕禄同志肝癌晚期仍坚持工作，用一根棍子顶着肝部，藤椅右边被顶出一个大窟窿时，我受到深深震撼……”他认为焦裕禄是一个“很高很高的标杆”，要求领导干部要见贤思齐，向焦裕禄学习。但是我所能查到的，也是有文章评论焦裕禄时用到了这句话，称赞他对人民、对工作“时时放心不下”的精神境界。看来微信朋友圈的朋友所能抵达的范围和我也是差不多的。还有一位朋友说，应该是周恩来，周总理常常提到“战战兢兢，如履薄冰”，这与“时时放心不下”具有相同的意蕴……

虽然没有得到准确答案，但是，我突然醒悟到，其实在搜寻的过程中我已经得到答案了，这个答案就在我的心里，就在每一位党员干部的心里——时时放心不下，就是要时时放在心上。

这次中央政治局会议主题重大，意义重大。会议的新闻稿写道：会议强调，疫情要防住、经济要稳住、发展要安全，这是党中央的明确要求。会议是中央政治局召开的，“强调”当然是党中央强调了，“强调”又“明确要求”，可见“三项任务”是多么重要而紧迫。各级领导干部对此要深刻理解和体悟，要把党中央的要求作为“国之大者”放在心上，以“时时放心不下”的责任感做好自己所承担的工作。

本文原载于《学习时报》2022年5月6日

“强腰工程”让腰部强起来

中央办公厅、国务院办公厅近日印发《关于推进以县城为重要载体的城镇化建设的意见》，这个文件引起广泛关注和强烈反响。中央为“县城”专门发文件，在我的印象中自改革开放以来还是第一次。目光下移，聚焦县城，表明中央对县域发展的新认识和高度重视。同时，城镇化重心上移，从“小城镇、大战略”到推进以县城为重要载体的城镇化建设，凸显县城对新型城镇化的支撑。可以说，这一新认识、新定位是一项新战略、大战略。如果再结合当前国内外经纬交织的复杂形势和背景来认识，意义就更加不一般。这又是一项“强腰工程”。如果把县域比喻为中国之腰的话，粗而不壮、大而不强的挑战一直存在。通过实施“强腰工程”，通过县城补短板强弱项，可以缓解、化解甚至消解我们发展中面临的许多困难和问题，让经济社会发展进入一个游刃有余的新境界。所以，这是一项既利当前又利长远的重大战略。

作为中央政府的管理层级，县的历史在我国已有2700多年。根据《左传》的记载，春秋时期的楚国是第一个建县的。公元前

690年，楚文王打败了两个小国后，不再像以往那样把这些新占领的地方分给诸侯，而是通过建县来实现直接管理，这就是我国县制的开端。秦始皇统一中国后，采纳丞相李斯的建议，在全国普遍实行了郡县制。从那时至今，我国地方行政管理体制多有变化，但是县的建制一直十分稳定，这本身就说明了县及县域治理在国家发展稳定中的地位和作用。

根据相关数据，2021年我国共有2843个县级行政单位，其中包括1301个县、394个县级市、977个市辖区、117个自治县、49个旗、3个自治旗，此外还有1个特区和1个林区。县域面积占全国的90%左右，常住人口占全国的一半以上，生产总值占全国的四成左右。仅从这几项占比看，既说明县域的重要地位，也表明县域的发展潜力，更彰显出抓好县域的重要意义。

习近平总书记高度重视县域发展治理。他指出：古人讲“郡县治，天下安”，今天仍然如此。他强调，在我们党的组织结构和国家政权结构中，县一级处在承上启下的关键环节，是发展经济、保障民生、维护稳定、促进国家长治久安的重要基础。他要求，要把县域作为城乡融合发展的重要切入点，推进空间布局、产业发展、基础设施等县域统筹，把城乡关系摆布好处理好，一体设计、一并推进。要强化基础设施和公共事业县乡村统筹，加快形成县乡村功能衔接互补的建管格局，推动公共资源在县域内实现优化配置。要赋予县级更多资源整合使用的自主权，强化县城综合服务能力，把乡镇建设成为服务农民的区域中心。习近平总书记关于县域发展治理的重要论述为我们发展县域经济作出了重要指引，为我们贯彻落实以县城为重要载体的城镇化建设文件精神提供了根本遵循。

习近平总书记对县域的高度重视，既来自对悠久历史的深厚理解，更来自对地方领导实践的深刻认识。七年知青岁月使他了解了中国的基本国情。在正定，他亲自领导了华北平原一个农业县的改革发展变迁。在宁德，他倡导“弱鸟先飞”“滴水穿石”，以“摆脱贫困”为主题在闽东9个县摆开战场大干一场，干出了一个新面貌。在福建，他七下晋江，亲自总结“晋江经验”，推动县域经济发展。在浙江，他走遍全省90多个县，7次到淳安，提出“绿色政绩观”；11次到义乌，推动落实“强县扩权”。习近平新时代中国特色社会主义思想许多源头性理念在县域这个层面萌发、探索、实践、总结。党的十八大后，习近平总书记与中央党校第一期县委书记研修班学员座谈交流，谆谆教诲，对县委书记这个县域发展治理的关键队伍建设提出明确要求。

再看新时代我们党治国理政的一系列重大实践。脱贫攻坚开创了人类历史上的伟大奇迹，而脱贫攻坚的主战场主阵地，就摆在县域。民族要复兴，乡村必振兴，乡村振兴的伟大实践也必须以县域为载体。新型城镇化建设、乡村建设行动、国家粮食安全战略等都要在县域范围内来落实。2022年4月29日召开的中央政治局会议提出“冗余度”的概念，县域和县城搞好了，我国经济社会发展就有了更充分的“冗余度”，我们应对国内外复杂局势、战胜各种风险挑战、统筹发展和安全就有了更大的回旋余地。我们一直自信中国经济的韧性。人的韧性在腰，中国经济的韧性看县。只要粮食安全和初级产品等供给有保障，只要城乡居民就业有保证，只要农村安、县域稳，中国经济的韧性就会强，而且会越来越强。

重视县域、发展县城，既是县的事，更是国家的事，而且是国家的大事，所以，做好这项工作是党中央的政治要求。这个认识的高度上上下下必须都得有。中华民族迎来了从站起来、富起来到强起来的伟大飞跃，我们正行进在强起来的历史进程中。腰强人精神，国强县必强。

本文原载于《学习时报》2022年5月18日

党员干部为什么不能跟组织“算账”

现实生活中，人人都要算账，人人也都在算账。算账的目的就是看投入与产出、付出与回报是不是相符、是不是对等。账怎么算是一个重要的问题，跟谁算账也是一个重要的问题。对党员干部来讲，我以为，有两个账是不能算的：第一是跟父母不能算账，第二是跟组织不能算账。为什么不能跟父母算账呢？原因很简单，父母给了你生命，如果要算，你只有拿生命来算才能对等，这个账还怎么算？为什么不能跟组织算账呢？这个问题确实有讨论一下的必要。

我们先看看自己的周围，有没有跟组织算账的人呢？不难发现，有的人工作付出了一些努力、取得了一些成绩，就伸手要荣誉、要待遇；有的人在一个岗位、一个级别连续待上几年，就想着换一个更重要的岗位、一个更高的职位。有的人直接要，有的人拐弯抹角要，有的人采取非正常甚至违法违纪手段要，有的人则憋在心里默默地要。荣誉、待遇、职位要不到，就觉得自己的付出没有得到相应的回报，心里就不平衡，甚至认为组织欠自己的、对不住自己。在这样的心态影响下，工作状态就完全不一样了，争先创优的势头疲沓了许多，凡事只求过得去就行，甚至一“躺”了之，更有个别领导干部利用手中权力给自己捞好处，跌进违法犯罪的泥潭。

习近平总书记反复强调，领导干部要“多打大算盘、算大账，少打小算盘、算小账”。跟组织算账，归根结底打的是小算盘、算的是个人得失账。事实证明，个人账算得越精致，心中的天平就会越失衡，越会觉得付出的多、得到的少，越算越不划算。小账、个人账算来算去终是算不赢的。落马官员“失算的人生”故事不少，随便就能搜到一个：浙江某县一位副局长，从2000年到2020年非法收受他人财物共计价值79万余元，落马时距离退休仅剩11个月，按照他自己的算法，假如能活到85岁，他可以领到375万元退休金，但现在没有了，还搭进去了自由和名声。一些落马官员迟来的算账，正是因为此前和组织斤斤计较的结果。

要理解不能跟组织算账，首先要弄明白自己和组织是什么关系。党员干部不仅是自然人、社会人，而且是组织人。共产党员有两次生命：一次是生物意义的生命，是父母给的；一次是政治意义的生命，是党和组织给的。现在普遍开展的党员过政治生日，本质上就是唤起党员的政治生命意识，强化党员和党、和党组织关系的认知，时刻提醒党员，不能忘记入党志愿书里的誓词，不能忘记党旗下的誓言。

党给了党员政治生命，党员就要全心全意忠诚于党，一心一意为党工作，清楚“我是谁”“为了谁”。党员干部是组织的人，不是可以和组织算账的人，更不是高于组织的人。老一辈无产阶级革命家陈云曾说，一个人工作有了成绩，第一要归功于人民，第二要归功于党，第三才是自己，这个顺序颠倒不得。试图同组织算账的人，显然是颠倒了这个顺序，把自己放在了党和人民之前、放在了组织之上。

我们党已经走过了一百多年奋斗历程，之所以能够取得四个历史时期的伟大成就，就是因为有无数革命前辈和共产党员不计个人得失、不算个人小账、勇于牺牲奉献的结果。革命战争年代，牺牲的全国有名可查的革命烈士多达370多万，还有更多的人连名字都没有留下来；社会主义建设时期，一大批科学家长期远离城市、远离家人、隐姓埋名付出一生；脱贫攻坚战场上，1800多名共产党员的生命定格在不朽史册中……在他们心中，恐怕连算账的念头都没有，不，或者说，他们心中有一本大账，有一本比天还大的账，为了党和人民的事业，哪怕付出生命的代价，也在所不辞，也是应该的，也是值得的！与他们相比，一些人只是做了一点应该做的工作，只是比一般人多付出了一些努力，只是取得了一点点的成绩，就忘记了自己是谁，就摆不正自己的位置，就想这想那、要这要那，不仅与先锋模范相比有很大的差距，就是按合格党员的标准来要求，他们也应该感到惭愧。

本文原载于《学习时报》2022年6月22日

加强对党员干部金钱本质教育

不敢腐、不能腐、不想腐，“三不腐”相互依存、相互促进。其中，不想腐是根本。解决了不想腐的问题，也就解决了不敢腐、不能腐的问题。不想腐，侧重于教育和引导，从思想源头、内心深处消除贪腐之念，是内生的不腐、主动的不腐。习近平总书记指出，一体推进不敢腐、不能腐、不想腐，必须三者同时发力、同向发力、综合发力，把不敢腐的强大震慑效能、不能腐的刚性制度约束、不想腐的思想教育优势融于一体。要真正做到不想腐，思想教育是最重要手段。那么究竟从何入手加强思想教育呢？理想信念教育、纪律法制教育等是必须的，也是我们正在做的。除此，我以为，加强对党员干部金钱本质教育，也是一个不可忽视的选项。

近期，几只“大老虎”相继被公诉，不出人们所料，他们被指控受贿金额均以数亿计。江苏省委原常委、政法委原书记王立科被指控受贿4.4亿余元，辽宁省政协原党组成员、副主席李文喜被指控受贿5.46亿余元，公安部原党委委员、副部长孙力军被指控受贿6.46亿余元。近些年，被查处的受贿数额过亿的贪官人数不少，最高金额达17.88亿元。人们不禁要问："老虎们"要这么多钱干什么？他们究竟是怎么看待金钱的？他们看到的是金钱的实质还是幻象？他们本想成为金钱的主人为什么都沦为了金钱的奴隶？我们的党员干部应该树立什么样的金钱观？

从金钱产生的历史来看，钱是人类起初开始进行商品交换的产物，本质上是一种交换工具。钱的价值和意义在于使用、在于交换和流通。作为纸币的钱，如果不使用，如果只是放在那，只不过是一个数字而已，最多也就是财富的象征罢了。要是不能用、不敢用，那就和一堆废纸没有区别。但是，王立科、李文喜、孙力军之类就是为这一堆废纸而失去了金钱无法衡量的东西。正如习近平总书记所深刻指出的：那些大贪巨贪，最后不就当了一个财物保管员吗？就是过了个手，最后还要还财于民、还财于公。这方面"大老虎"赖小民更是典型。他在北京有一处房子是专门藏钱的，藏了两个多亿现金。他和一些知情人说到藏钱的房子时都用暗语，管它叫"超市"。赖小民在电视上供述，"一分钱都没有花，都放在那里了，最后组织上都收了。所以我说要这么多钱有什么用呢，最后又不敢花又不敢用，还提心吊胆的"。

金钱作为一种流通工具，本身无所谓好坏，不具有道德评判。但是人们赋予金钱的东西太多，使之有了很多附加意义和象征价值，反而忽视了金钱的本质，成为马克思所批判的金钱拜物教和物对人的异化。过分看重一种东西的象征价值而忽视其本质，就会产生“不需要钱，却偏偏不停地收钱”这样的怪事。

加强对党员干部金钱本质教育就是要打破其对金钱的迷思和幻象，使其认清一切附着在金钱本质之上的东西都是不真实的、都是虚幻的。对金钱的过分贪婪，就像《红楼梦》中贾瑞照镜子，捧着一面风月宝鉴，在看似美好的体验当中不能自拔，直至灭亡。

金钱作为流通工具，还让我们认识到其本质的另一面，这就是分享而非独占。在共同创造财富的基础上，让人民公平地分享财富、实现共同富裕，是我们共产党人奋斗的目标。要做金钱的主人而不是被金钱所奴役，就是要把握金钱的工具属性，更好地为人民谋利益、谋幸福，坚持获得财富、享用财富的正确方向，既因金钱而使社会更美好，也因金钱而使内心更富饶。

加强对党员干部金钱本质教育，是被忽视的一课，有必要补上。

本文原载于《学习时报》2022年7月27日

当张桂梅拉起庞新秀的手……

写下这个题目，感觉心都在收紧。的确，这样的题目虐心！

张桂梅是谁，不用我再作介绍。张桂梅在的地方是云南省丽江市华坪县。相信很多人是因为知道了张桂梅才知道华坪县的，张桂梅是华坪县女子高中的校长。

在张桂梅一系列的感人故事当中，有一个细节广为人知。张桂梅生病住院，一位县领导去看望她，她拉起县领导的手，请求给自己帮个忙，提前把自己的丧葬费给预支了。这位县领导问为什么，张桂梅平静地说，我想把我的每一分钱都用到孩子们身上，我死后把我撒入大海就可以了……听了这个话，据媒体报道，这位县领导的眼泪像断了线的珠子止不住地往下落。

这位县领导就是时任华坪县县长庞新秀，同样是一位女性。张桂梅的这个故事，庞新秀曾对记者讲过。2020年12月11日，在央视《时代楷模发布厅》节目中，庞新秀再次哽咽地讲起这个故事，无数的观众被感动……

然而，庞新秀落马了。华坪女高所在的华坪县女县长庞新秀落马了。2020年底，也就是庞新秀在央视讲完张桂梅的事迹回到华坪不久，即被纪检监察机关带走调查。随后公布的结果是，庞新秀政治纪律、组织纪律、廉洁纪律、群众纪律、工作纪律、生活纪律六大纪律皆违反。更让人大跌眼镜的是，庞新秀台上大讲脱贫攻坚，台下却把握过张桂梅手的手伸向了扶贫工程……

两位女性不同寻常的交集以及完全不同的人生轨迹既让人心生感慨，又让人获得启迪。

张桂梅原名张玫瑰，1957年出生，她因在华坪创办了全国唯一一所免费的女子高中，让近两千名大山里的女孩走进大学校园而被誉为“最美女儿”，受到习近平总书记接见，先后获得“感动中国2020年度人物”“全国脱贫攻坚楷模”“七一勋章”“全国道德模范”等荣誉称号，名字写进了《中华人民共和国简史》。张桂梅最崇拜的人是江姐。这位像江姐一样的精神巨人、铿锵玫瑰，给人留下的最深印象，是一副瘦弱的、患有几十种疾病的身躯和一双贴满膏药的手……

庞新秀出生于1978年，比张桂梅小了20多岁。在市县这个范围内，她的任职经历还是比较丰富的，2017年升到了华坪县县长的位置。正像她的名字一样，她不仅年轻，而且长相清秀，也被很多人视为“政坛新秀”。

在全面从严治党的大背景下，别说一个县处级干部，就是一个省部级干部落马，人们也没有太多的惊讶。但是，我确实对庞新秀给予了特别的关注，原因是我一直对张桂梅特别关注，而庞新秀与张桂梅竟有了如此的交集，以至于在我想到这个题目的时候，写作这篇小文的时候，张桂梅、庞新秀两个人的形象不停地在我眼前交替出现。我越是关注，心中的疑问也就越强烈。张桂梅无疑是一座精神的高山，她如此之高，以至于绝大多数人无法抵达，但是我们至少可以仰望。作为一县之长，面对坐落在本县的这样一座精神高山，庞新秀究竟有没有受到过触动？究竟有没有被感动过？当张桂梅拉起她的手，提出那样一个请求时，庞新秀也流下了眼泪；面对记者的采访，面对央视向全国观众的直播，庞新秀在讲张桂梅的故事的时候，也流下了眼泪，这眼泪究竟代表了什么、说明了什么？

感动是一种崇高而神圣的情感，当我们被感动的时候，实际上在内心也往往会形成一种向上的激励，产生一种看齐的力量，进而迸发出一种为人民为社会奉献的动力。习近平总书记曾多次提到焦裕禄，他深情回忆："1966年2月7日，《人民日报》刊登了穆青等同志的长篇通讯《县委书记的榜样——焦裕禄》，我当时上初中一年级，政治课老师在念这篇通讯的过程中多次泣不成声。特别是念到焦裕禄同志肝癌晚期仍坚持工作，用一根棍子顶着肝部，藤椅右边被顶出一个大窟窿时，我受到深深震撼……""焦裕禄同志是一个很高很高的标杆，虽不可及，但我们要见贤思齐。"今天，人民教师张桂梅也是一个很高很高的标杆，我们要向习近平总书记要求的那样，虽不可及，但要见贤思齐。

焦裕禄让我们感动，是因为他心中只有全县的百姓，唯独没有他自己；张桂梅让我们感动，是因为她为了不放弃大山里的女孩，可以完完全全放弃自己。

焦裕禄虽然和我们不在一个年代，但焦裕禄精神没有过时。赶上一个好时代，又和焦裕禄同志一样在县级主要领导岗位上，庞新秀本来可以利用手中的权力做更多的好事，但是，做没做好事不知道，从通报的情况来看，坏事倒做了不少。张桂梅和我们同在一个时代，但我们更多的人是通过媒体了解张桂梅，我们没有庞新秀幸运，和张桂梅同在一个县，而且被张桂梅拉起过手。更重要的是，庞新秀的手里有权，这个权能为张桂梅排忧解难，能为更多的百姓解决急难愁盼，但是，这位比张桂梅小了一辈儿的年轻县长，却利用手中的权力，不停地为自己谋取私利。在张桂梅这座精神的大山面前，庞新秀连一株小草都不如，简直就是一块被人抛弃的石头。

习近平总书记强调“见贤思齐”的时候，其实紧接着还强调一句话：见不贤而内自省。在《论语》中，这本来就是一句话：“见贤思齐焉，见不贤而内自省也。”这篇小文把张桂梅和庞新秀放在一起说事，就是想说一个简单明了的道理：做人当学张桂梅，为官千万不能学庞新秀。

本文原载于《学习时报》2022年5月13日

1800和1800

开创人类历史伟大奇迹

新时代无疑是一个伟大的时代。之所以这样讲，是因为新时代是由一系列伟大的事业所构成。在这些伟大的事业当中，有一项事业堪称开创了人类历史的伟大奇迹，这就是我们正在进行的脱贫攻坚。

和平与发展是世界两大永恒主题，战争与贫穷则是人类面临的两大永恒挑战。改革开放以来，我国贫困人口持续减少，特别是党的十八大以来，严格执行精准扶贫、精准脱贫，每年减少贫困人口1000万以上，目前还有3000多万贫困人口。到2020年，我们要让这3000多万人口全部脱贫，从而全面建成小康社会，不仅为全球减贫作出重大贡献，而且为人类反贫困贡献中国智慧、中国方案，这还不是人类历史上的伟大奇迹吗？

历史上有哪一个朝代彻底解决了人民的温饱问题？为政之要，首在足食。在中华民族几千年的发展历程中，无论是长期战乱，还是中兴盛世，饥饿和灾荒如同一对孪生子，始终是煌煌史籍中的阴影，吃饱穿暖始终是劳动人民梦寐以求的梦想。及至新中国成立前夕，逃到台湾岛的蒋介石还饶有意味地说："我把四万万人吃饭问题的包袱，甩给了毛泽东。"然而，经过社会主义建设30年、改革开放40年的努力奋斗，我们不仅彻底解决了全体人民的吃饭问题，而且正带领人民向全面小康社会迈进。五千年历史，换了人间，还看今朝。

世界上有哪一个政党自成立起就宣誓为人民谋幸福，并且初心不改，始终把人民的安危冷暖放在最重要位置？自有政党制度以来，冒出过多少政党，宣传过多少主张，但不管如何眼花缭乱，不管如何悦耳动听，归根结底都只代表一部分或少部分人甚至某些集团的利益。当今世界之乱，实乃政党利益之争所致。只有中国共产党立党为公，才有中国的风景独好。只有把人民对美好生活的向往作为自己的奋斗目标，才能敢于作出庄严承诺，坚决打赢脱贫攻坚战，到2020年所有贫困地区和贫困人口与全国人民一道迈入全面小康社会。

人类有哪一个主义能够开辟出让一个拥有14亿人口的大国实现从站起来到富起来到强起来的伟大飞跃之路？摆脱贫困，实现小康，走向富强，中国共产党带领中国人民一路探索，成功走出了一条中国特色社会主义道路，也成功走出了一条中国特色的扶贫开发道路。中国成为世界上减贫人口最多的国家，也是世界上率先完成联合国千年发展目标的国家。中国减贫的成就，足以载入人类发展史册，足以证明中国特色社会主义制度的优越性。

放眼全球，有哪一个世界领导人像人民领袖习近平那样心系天下苍生，时时牵挂贫困地区贫困人口？一次次考察调研，一次次进村入户，一次次座谈讨论，足以显示出贫困群众在大国领袖心中的位置。党的十八大以来，短短5年时间，习近平总书记主持召开的跨省区的脱贫攻坚座谈会就有5次。2015年2月13日，在陕西延安主持召开陕甘宁革命老区脱贫致富座谈会；2015年6月18日，在贵州贵阳主持召开涉及武陵山、乌蒙山、滇桂黔集中连片特困地区扶贫攻坚座谈会；2016年7月20日，在宁夏银川主持召开东西部扶贫协作座谈会；2017年6月23日，在山西太原主持召开深度贫困地区脱贫攻坚座谈会。2018年2月12日，春节前三天，在四川成都主持召开打好精准脱贫攻坚战座谈会。

中国共产党自成立起，在近百年的革命、建设和改革奋斗历程中，创造了一个又一个人间奇迹。打赢脱贫攻坚战，中华民族千百年来存在的绝对贫困问题，将在我们这一代人手里历史性地得到解决，这是对中华民族、对整个人类都具有重大意义的伟业，这是中国共产党开创的人类历史上又一个伟大奇迹。

本文原载于《学习时报》2018年3月2日

改变中国面貌的重大社会变革

党的十九大提出的重大思想、重大目标和重大战略安排，将极大地改变未来中国的面貌。实施乡村振兴战略就是改变中国面貌的一项重大战略，它和脱贫攻坚一样，有力有效补齐实现“两个一百年”奋斗目标、迈向社会主义现代化强国的短板，从而使中国以一个崭新的面貌和形象，屹立在世界的东方。

乡村振兴战略，与以往所有有关“三农”问题重大举措相比，不仅立足解决农业农村农民现实问题，解决城乡发展不平衡问题，更是着眼于长远，着眼于全面建成小康社会以及此后的基本实现社会主义现代化、建成富强民主文明和谐美丽的社会主义现代化强国。这一战略的着眼点和落脚点，绝不仅仅是乡村内部和乡村自身，而是关涉中国现代化的全局，关涉现代化强国的战略，关涉中华民族伟大复兴的长远，因而更具有全局性、战略性和长远性。

实施乡村振兴战略，不仅要发展生产力，也要调整生产关系；不仅要巩固经济基础，还要改革上层建筑。既要考虑乡村历史和文化的接续传承，也要考虑面向未来、面向现代化的空间布局和人口结构变迁。要解决好钱的问题、地的问题、人的问题，也要处理好改革、发展和稳定的关系。就“产业兴旺、生态宜居、乡风文明、治理有效、生活富裕”乡村振兴战略的20字总要求来看，哪一项也不可能单独推进，单独实现。作为一项重大战略，我们不能忽视它的整体性、协调性，要在统筹推进“五位一体”总体布局、协调推进“四个全面”战略布局的大背景下，统筹推进乡村振兴战略。

融合一二三产业，连接城市和乡村，统筹六大建设，贯通历史与未来，实施乡村振兴战略，无异于进行一场重大社会变革。

乡村振兴首先是观念的变革。曾几何时，乡村成为落后的代名词。农业弱质、农村落后、农民愚昧成为深刻在人们心中的根深蒂固的观念。乡村振兴就是要实现乡村职能再塑，农村与城市，是空间上的差异，农民与市民，是职业上的区别，农业与工业，是产业上的不同，而不再是贫瘠与繁华、文明与愚昧、先进与落后的反差。不仅如此，还要让农业成为有奔头的产业，让农民成为有吸引力的职业，让农村成为安居乐业的美丽家园。

乡村振兴也是制度的变革。制度带有根本性，有什么样的乡村制度，就有什么样的乡村发展，有什么样的乡村面貌。对现有乡村制度来一番审视，与乡村振兴相适应，该巩固的巩固，该完善的完善，该舍弃的舍弃，该创新的创新。强化乡村振兴制度性供给，就是强调创新乡村制度，因此要把乡村制度创新当作重点，把制度建设贯穿始终，逐步建立起中国特色社会主义乡村振兴制度体系。

乡村振兴更是道路的变革。城乡关系是发展中国家走向现代化进程中面临的重大挑战，不少国家陷入到城市发达、乡村凋敝的窘境，教训深刻。即使是发达国家也并没有完全解决好这一问题。我们实施乡村振兴战略，要在借鉴中扬弃，在吸收中创新，坚持走中国特色社会主义乡村振兴道路，在习近平新时代中国特色社会主义思想指引下，贡献乡村振兴的中国方案。

本文原载于《学习时报》2018年3月16日

摆好乡村振兴战略主战场

党的十九大提出实施乡村振兴战略，高规格的中央农村工作会议对落实乡村振兴战略进行全面部署，2018年5月31日召开的中央政治局会议审议《乡村振兴战略规划（2018—2022年）》，这就像一场大的战役，从决定开打，到决定怎么打，用多少时间打，再到如何全面取胜，一步一步从战略层面作好了谋划。

“战略”一词本身就是军事用语。战略和什么联系最紧密？自然是战场。那么，战略规划下的乡村振兴，主战场究竟在哪里？响鼓重锤敲，落点很重要。选准主战场，摆好主战场，对战斗顺利、对战役取胜都至关重要。

乡村振兴，着眼点无疑在乡村。乡村在哪里？乡村在县域。按照我国现行行政区划和管理层级，县（含县级市）以下是乡（镇）、村。一般来讲，在县域这个层面上，除了县城和城镇之外，全部是乡村，所以，全国2800多个县（市、区、旗），就是乡村振兴战略的主战场。

按照最新的人口统计，截至2017年底，我国大陆总人口

13.9亿，在城镇化率继续提高的情况下，仍有乡村常住人口5.76亿。乡村振兴战略涉及和造福的人口之多，前所未有。

再看县域国土面积。全国县域内陆地国土面积874万多平方公里，占全国陆地国土面积的94%。从东到西，从南到北，差异性极大。乡村振兴战略的主战场之辽阔之复杂，前所未有。

乡村振兴要担负一个怎样的任务呢？党的十九大报告明确提出了20字总要求：产业兴旺、生态宜居、乡风文明、治理有效、生活富裕。乡村振兴，其战略目标之艰难之光荣之远大，前所未有。

这三个“前所未有”，说明乡村振兴战略在党和国家事业全局中的关键位置，说明在充满对美好生活向往的亿万农民心中的重要分量，说明对全面建成小康社会、全面建设社会主义现代化国家的至关影响。

习近平总书记指出，在我们党的组织结构和国家政权结构中，县一级处在承上启下的关键环节，是发展经济、保障民生、维护稳定的重要基础，也是干部干事创业、锻炼成长的基本功训练基地。

“承上启下”告诉我们，县这个层面，既有落实，也有布置，既要指挥，更要实干。如果把中国经济比喻成一个体量巨大的巨人的话，那么县域经济就是中国经济之腰，腰不强不壮，骨就不硬，身就不直。从这个意义上讲，乡村振兴就是强腰之举、壮腰之举。

摆好主战场，打好乡村振兴之战，县委书记是关键。全国2000多名县委书记就是“一线总指挥”。县委书记们要充分认识到肩负的使命和责任，按照习近平总书记对县委书记的要求，真正把实施乡村振兴战略摆在优先位置，把坚持农业农村优先发展的要求落到实处，科学规划，稳步推进，一件事情接着一件事情办，一年接着一年干，打好打赢乡村振兴之战。

本文原载于《学习时报》2018年6月8日

把乡村振兴战略的重要政策落到实处

2017年最后一次高规格的会议，无疑是中央农村工作会议。十九届中央政治局常委悉数出席，习近平总书记发表重要讲话，李克强在讲话中对实施乡村振兴战略的重点任务作具体部署，汪洋在会议结束时作总结讲话。5年来，党中央每年都召开一次农村工作会议，但是如此高规格还未有过，由此可以掂出这次会议的分量，也由此可以认识到，这次会议讨论的主题对决胜全面建成小康社会、如期实现“两个一百年”奋斗目标的重要意义。

党的十九大在深化对国情农情认识的基础上，立足于我国社会主要矛盾的转化，着眼于全体人民共同富裕的必然要求，提出乡村振兴战略。用“振兴”一词，说明城乡发展不平衡不协调已成为我国经济社会发展最为突出的结构性矛盾，成为决胜全面建成小康社会进而成为实现中华民族伟大复兴中国梦的最大短板。而作为“战略”，说明乡村振兴的全局性、长远性和决定性，也是十九大将其作为贯彻新发展理念、建设现代化经济体系的重要任务之一的深意所在。战略要靠战术和战役来落实。中央农村工作会议就是贯彻十九大提出的乡村振兴战略的一次动员会、部署会，要在战略之下研究“打法”。所以，会议开宗明义提出：深入贯彻党的十九大精神、习近平新时代中国特色社会主义思想，全面分析“三农”工作面临的形势和任务，研究实施乡村振兴战略的重要政策，部署2018年和今后一个时期的农业农村工作。其中，“研究实施乡村振兴战略的重要政策”一句，信息量非常之大。

当然，我们要总结党的十八大以来农业农村农民工作取得的历史性成就、发生的历史性变革，我们更要明确这些历史性成就、历史性变革是在习近平总书记一系列关于“三农”工作的重要论述指导下取得的。我们要总结5年来的重要经验，并上升为实施乡村振兴战略、做好新时代“三农”工作的行动指南，如坚持加强和改善党对农村工作的领导、坚持重中之重战略地位等“八个坚持”。会议提出了实施乡村振兴战略的目标任务和基本原则。就目标任务而言，从2020年乡村振兴取得重要进展到2035年乡村振兴取得决定性进展，最后到2050年，乡村全面振兴。会议特别回答了中国特色社会主义乡村振兴道路怎么走的问题，从重塑城乡关系、巩固和完善农村基本经营制度到打好精准脱贫攻坚战，提出了“七个必须”。这些思想和精神都非常重要，是我们贯彻落实好会议精神的重要内容。

这是一次高规格的会议，更是一次含金量高的会议。之所以这么说，是这次会议提出了一系列实施乡村振兴战略的重要政策。虽然会议使用了一个学术性较强的名词，叫“乡村振兴制度性供给”，但是对广大农民来讲，这一系列内容就是一个个具有制度性规定的政策。这些政策看得见、摸得着，实实在在。比如：农村土地关系稳定并长期不变政策，农村闲置宅基地和闲置农房政策，公共财政更大力度向“三农”倾斜，改进耕地占补平衡管理办法，健全适合农业农村特点的农村金融体系，等等。在加强和改善党对“三农”工作的领导方面，不仅强调重要性，而且提出了一系列具体要求，比如，要健全党委统一领导、政府负责、党委农村工作部门统筹协调的农村工作领导体制。这就对建立、强化和完善党委农村工作部门提出了明确要求。比如，“党政一把手是第一责任人，五级书记抓乡村振兴”，这就明确了党政一把手是乡村振兴的第一责任人，而不仅仅是分管领导抓。

一分部署，九分落实。政策还要落到实处，落到实处才能见到实效。同时，落实政策不能走偏，不能走样，不能只追求速度，搞面子工程、形象工程，更不能刮乡村风、搞城建运动。

本文原载于《学习时报》2018年1月3日

在“精准”上下足功夫

党的十八大以来，贫困群众的脱贫问题一直让习近平总书记牵挂心间。他反复强调，全面建成小康社会最艰巨、最繁重的任务在农村。没有农村的小康，特别是没有贫困地区的小康，就没有全面建成小康社会。2013年11月，他在湖南湘西考察时，首次创造性地提出了“精准扶贫”的思想。每年全国两会上，习近平总书记都对精准扶贫、精准脱贫进行阐述和强调。2017年他在参加四川代表团审议时指出，到2020年现行标准下农村贫困人口全部脱贫、贫困县全部摘帽，是我们党立下的军令状。脱贫攻坚越往后，难度越大，越要压实责任、精准施策、过细工作。扶持谁、谁来扶、怎么扶、如何退，全过程都要精准，有的需要下一番“绣花”功夫。

精准扶贫既是解决全球贫困问题的重大理论创新，也是我们打赢脱贫攻坚战的重要指导思想；既是一项重大战略部署，又是一项操作性很强的复杂系统工程。从实践来看，精准扶贫、精准脱贫取得了非常好的效果。因此，脱贫攻坚越是到了啃硬骨头、攻坚拔寨的冲刺阶段，就越是要强调精准，坚持精准，在精准上下足功夫。

精准扶贫，要在靶向瞄准上下足功夫。要搞清楚扶谁，就要做到精准识别，否则底数不清，对象不明，啃硬骨头就无从下嘴，攻坚拔寨也不知从何下手，攻坚战怎么打，如何能打赢？当然，精准识别说起来容易，做起来绝不简单。当前，我国贫困户的识别标准是收入标准，且不说如何精准统计农户的收入，即使算清楚了，有的收入高的也不见得比收入低的生活好过。因此，我们在精准识别贫困户和建档立卡工作中，一定要发扬“工匠精神”和“绣花”精神，既要考虑看得见的因素，也要考虑看不见的因素；既要考虑生活维度，也要考虑健康、教育等其他维度；既要尊重民主评议的结果，也不能与实际收入产生较大差异，造成扶贫中的不公。

精准扶贫，要在精准配置资源上下足功夫。贫困自有造成贫困的原因，不同地区的致贫原因不同，要逐村逐户分析原因，找对病根才能对症下药，才能开准药方。要分类指导、分类施策，一村一策、一户一法。能扶贫开发脱贫就要积极发展生产，不适宜生产生活的就异地搬迁脱贫，还有生态保护脱贫、教育支持脱贫、医疗救助脱贫等，最后才是社会保障兜底。贫困地区情况差异较大，要因地制宜，探索多样化的精准扶贫、精准脱贫路径。精准扶贫绝不是简单地给贫困户分钱，扶贫资金和扶贫资源要精准配置，用在刀刃上，帮在关键处，发挥杠杆作用。

精准扶贫，要在建立精准脱贫台账上下足功夫。精准脱贫要“人”“数”合一、“人”“数”对应，不能“人”“数”分离，更不能只见“数”不见“人”。过去我国贫困人口的统计就是没有具体落实到人头上，也就是说，过去有多少贫困人口、每年有多少人脱贫是清楚的，但谁是贫困人口、谁脱了贫，则不大说得清楚。我们要落实习近平总书记在中央扶贫开发工作会议上的要求，“要把不清楚变得一清二楚”。要对贫困村、贫困户和贫困人口定期进行全面核查，建立贫困户精准脱贫台账，实行有进有出，动态管理。要把每年脱贫的都是哪些人、在哪里搞得一清二楚。

精准扶贫，要在精准评估扶贫成效上下足功夫。评价精准扶贫成效，既要看脱贫的数量，也要看脱贫的质量，绝不能弄虚作假，搞“数字脱贫”。2017年两会期间，习近平总书记在参加辽宁代表团审议时指出，脱贫攻坚一定要扎扎实实，我们的时间表就是到2020年实现全面建成小康社会，还有几年时间，不要脱离实际随意提前，这样的提前就容易掺水。总书记的提醒是十分必要和及时的。

本文原载于《学习时报》2017年3月24日

在“稳定”上下大力气

我们把扶贫攻坚比作一场战役，要一个一个阵地拿下，一个一个堡垒攻克。那么，攻坚战打完了、打赢了，扶贫攻坚是不是就可以结束了？显然不是！2016年4月，习近平总书记在安徽省金寨县考察扶贫工作时特别强调，打好扶贫攻坚战，要采取稳定脱贫措施，建立长效扶贫机制，把扶贫工作锲而不舍抓下去。2017年两会期间，习近平总书记在参加四川代表团审议时指出，防止返贫和继续攻坚同样重要。习近平总书记的这些指示明确告诉我们，扶贫攻坚不能满足战役的胜利，不能止步于多少贫困户和多少贫困人口脱贫，而是要建立稳定脱贫长效机制，脱了贫，要稳得住，因此还要在稳定上下大力气。

在稳定上下大力气，就是要以进促稳，就是要脱贫不止步，继续奔富路。贫困人口脱贫是扶贫攻坚的目标，还不是小康的目标，绝不能有脱贫即满、脱贫而安的思想，要思想不松懈、干部不松劲、政策不改变、目标更远大。贫困地区脱贫之后，要向全面小康目标看齐，还要有“两个一百年”奋斗目标的志向。如果失去了进取目标和进取精神，脱了贫也很难稳定下来，稳定不下来就很容易返贫。

在稳定上下大力气，就是不做“熊瞎子掰棒子”，就是要扶贫一户是一户、脱贫一人是一人，努力防止返贫复贫。2016年我们解决了1240万人口的贫困问题，按照贫困发生理论，肯定有一部分脱贫人口会返回到贫困状态，而且有些地区返贫比例还比较高。这是一个必须认真研究和解决的问题。如果不能有效地控制返贫复贫，就会影响攻坚目标的实现。造成返贫的因素很多，比如，支出性返贫——一个脱贫农户有一个孩子考上大学，其学费支出就可能导致返贫；比如——因病返贫：一个脱贫农户家中只要有一人大病，就可能导致返贫；比如，灾害返贫——自然灾害给农户造成的打击完全可以让农民返贫；等等。这就需要认真研究导致脱贫人口返贫复贫的原因，把防止脱贫人口返贫复贫当作扶贫攻坚的重大任务，下大力气抓紧抓好。要针对实际，发挥好教育、卫生、农业保险等部门的针对性作用。脱贫是真功夫、硬功夫，脱贫之后的稳定也是真功夫、硬功夫。

在稳定上下大力气，就是要建立长效扶贫机制，让贫困家庭的适龄人口有稳定的就业。习近平总书记强调，要脱贫也要致富，产业扶贫至关重要，产业要适应发展需要，因地制宜，创新完善。实践证明，提高贫困家庭劳动力的就业能力是帮助贫困人口摆脱贫困最见效的措施。一些地方探索将贫困户纳入现代产业链中，帮助他们解决面临的技术、资金、市场等方面的困难，取得了很好的效果。当然，贫困地区无论是发展哪种产业，都面临自然和市场双重风险，而贫困户抗风险能力又相对较弱，因此必须发挥有形之手的作用，帮助他们化解风险。同时，外出打工也是贫困地区增收最快的途径，要做好培训和劳务输出的工作，帮助贫困户实现稳定就业。

在稳定上下大力气，还有一点十分重要，就是战役打赢了，队伍还不能撤，至少暂时不能撤。两会期间，习近平总书记明确要求，选派好驻村干部，保持基层扶贫干部相对稳定，保持工作连续性和有效性。现在所有贫困地区的领导干部都要坚守岗位，要保证人员的稳定。从某种意义上讲，贫困地区领导干部的稳定、队伍的稳定，是建立稳定脱贫长效机制的关键。扶贫本质上也是扶志、扶心，干部队伍稳，贫困地区的人心才能稳；人心稳才能斗志旺、信心强。所以，在贫困地区建立一支能吃苦、肯奉献的优秀扶贫干部队伍，既是打赢扶贫攻坚战的需要，也是培养、锻炼、考验干部的好机会。

本文原载于《学习时报》2017年3月27日

在“协作”上再加把劲

发挥制度资源和制度优势在扶贫攻坚中的巨大威力，是解决贫困问题中国方案中为世人所瞩目的重要亮点之一。东西部扶贫协作以来，取得了显著成绩。在脱贫攻坚进入“啃硬骨头”和“攻坚拔寨”新阶段后，协作的劲不但不能松，反而应该再加把劲。

习近平总书记指出，东西部扶贫协作和对口支援，是推动区域协调发展、协同发展、共同发展的大战略，是加强区域合作、优化产业布局、拓展对内对外开放新空间的大布局，是实现先富帮后富、最终实现共同富裕目标的大举措，必须长期坚持下去。习近平总书记的指示要求，为中国扶贫攻坚攻克最后堡垒注入了新的思想动力和工作动力。

我国的东西部扶贫协作正式启动于1996年，中央确定9个东部省市和4个计划单列市与西部10个省区开展扶贫协作。20多年来，在协作双方共同推动下，逐步形成了以政府援助、企业合作、社会帮扶、人才支持等为主要内容的工作体系，效果显著，经验丰富。这正是习近平总书记要求“必须长期坚持下去”的实践基础。

在“协作”上再加把劲，首先要在总结经验的基础上，找准存在的问题。比如，资源利用比较分散、脱贫攻坚聚焦点不集中的问题；比如，对口帮扶存在重城市、轻农村的倾向；比如，投入方向重基础设施、轻产业的问题；等等。

在“协作”上再加把劲，就是要按照精准扶贫、精准脱贫的要求，重新审视协作方案、方式、重点、目标等，在有限的时间内，精准对接、精准协作、精准发力，不撒胡椒面，也不搞大水漫灌，更不搞大帮哄，而是聚焦点要小、要准、要实，这样才能更有效。

在“协作”上再加把劲，要深刻理解“协作”含义，要把协同、合作、帮带、促进的协奏曲弹好，协作双方要有共鸣点，不能一面“响鼓”、一面“哑锣”，也不能一头冷、一头热。要找准各自优势，发挥好双方优势，通过扶贫协作，西部地区贫困群众脱贫，东部地区企业也能获得更大发展空间。

在“协作”上再加把劲，对西部贫困地区来说，是在贫困村、户、人上加把劲，这一点十分重要。不能把东部的支持落到县城上、马路上、高楼上，而是要落到每个村上、每个户上、每个人上，让贫困群众从中切切实实得到协作的好处。

在“协作”上再加把劲，对东部地区来说，不能光政府加劲使劲，要把大量的企业资源组织起来、动员起来，激活用好。同时，还不能忽视社会资源甚至个人资源。对那些真正愿意去西部地区献爱心、做慈善的组织和个人，要帮他们找到对接点，给他们发挥作用的舞台。

在“协作”上再加把劲，要增强使命感和责任感。扶贫协作、对口支援和精准扶贫、精准脱贫是党中央的重大决策部署，事关实现全面建成小康社会目标，协作双方要从旗帜鲜明讲政治和同以习近平同志为核心的党中央保持高度一致的高度，做好协作各项工作。主要领导要亲自关心、亲自部署、亲自调研、亲自研究、亲自落实，同时要按要求建立考核制度和督查巡查制度。

本文原载于《学习时报》2017年4月10日

在惩治“扶贫腐败”上出手再重一些

任何腐败都不能容忍。扶贫领域的腐败尤为不能容忍。腐败分子的手伸向扶贫款物，干扰的是全面建成小康社会的大局，损害的是贫困地区群众的切身利益，危害之深，影响之恶劣，要求我们必须利剑高悬、重拳出击。

从中央纪委近日曝光的几起典型案例我们可以看出，表明这样的决心，亮出这样的意志，很有必要。

比如，套取贫困专项资金。干这事的是河北省涞源县扶贫开发局原局长妥开祥。他先是安排工作人员在采购肉牛时多报82头，套取财政扶贫专项资金28万元。后又虚构培训事实，编造假的培训人员名单，虚开培训发票，再次套取财政扶贫专项资金13.8万元。如果说妥开祥够大胆的，是个人行为，那么还有比这更大胆的，是集体行为，而且还是几家联合。江苏省连云港市赣榆区扶贫办、财政局、赣榆农商银行在扶贫小额贷款发放工作中，通过编造虚假贷款资料等方式，套取财政奖励资金和财政贴息资金2073.04万元，这些钱三家分别“获取”，实际上就是三家分了。又比如，挪用扶贫工作经费。干这事的是广东省紫金县扶贫办。2013—2015年，共挪用了46.3万元。干啥了呢？给干部职工发放手机补助和用于公务接待了。比如，侵占移民资金。干这事的是湖北省随州市曾都区泉水寺村的会计李学猛。他总共侵占了16575元。再比如，向危房改造农民收取“跑腿费”。这是陕西省户县周店村原主任李鹏的“发明”。他在办理危房改造补助资金申请工作时，向5名村民收取“跑腿费”3.58万元。比如，骗取扶贫羊。这事是甘肃省漳县尖子村包尕宝干的。县扶贫办下达给尖子村20万元扶贫资金，要求购买良种羊2000只并发放给50户贫困户。包尕宝以和亲属共同成立养殖专业合作社的名义，编造花名册、代养协议等，把羊无偿给了自己的合作社。还比如，违规发包扶贫工程。重庆市云阳县凤鸣镇多位镇领导，拿扶贫工程项目做交易，以借款给建筑商提取高利息的方式，谋取私利。

以上典型案例中的责任人都受到了党纪政纪处理，有的还受到了刑事追究。与一些贪官相比，在位高权重的贪官持续落马、小官巨贪的新闻也时常刷人眼球的当下，这些小官小贪自然引不起大的社会反响，但是，它们发生在扶贫领域、发生在群众身边，具有特殊危害性，必须保持高压态势。

当前，脱贫攻坚已经到了“啃硬骨头”的关键阶段。精准脱贫，全面小康，既是庄严承诺，也是光荣使命。在实现这一目标过程中，仍有一些部门和个人敢冒天下之大不韪，把手伸向扶贫款物。因此，在惩治“扶贫腐败”上要出手再重一些。

习近平总书记在十八届中央纪委第七次全体会议上强调指出，要紧盯脱贫民生领域，严肃查处群众身边的不正之风和腐败问题。七次全会对开展扶贫领域专项整治已作出部署，要求对那些胆敢向扶贫等民生款物伸手的给予坚决查处。

在惩治“扶贫腐败”上出手再重一些，首先要查清扶贫领域不正之风和腐败问题所在，把虚报冒领、截留私分、挥霍浪费扶贫资金，在扶贫工作中吃拿卡要，以及脱贫攻坚工作中的形式主义、官僚主义、不实不准、弄虚作假等问题作为查处重点。其次要以“精准”监督促“精准”脱贫。基层纪检监察部门要进村入户，在最基层、第一线直接了解情况，听取群众呼声，发现问题线索，准出手，快出手。再次要加大问责力度，以责任追究确保责任担当。不仅对扶贫领域腐败问题频发的要追责，对职能部门不履行监督责任、该发现问题没有发现的，也要追责问责。最后要持续保持曝光力度。对一些典型案例，要隔一段时间就公开一次。不仅中央纪委曝光，省、市、县各级纪委查处的案例都要在当地媒体上曝光，把那些向扶贫款物伸手的丑行丑态都放到阳光下晒一晒。

本文原载于《学习时报》2017年4月21日

把“脱贫攻坚”考核指挥棒挥起来

2017年3月，河南省兰考县宣布正式退出贫困县，从而成为河南首个脱贫摘帽的贫困县，这也是全国脱贫攻坚关键之年传来的令人振奋的消息。

兰考脱贫摘帽引人注目。兰考与焦裕禄紧密相连，是焦裕禄精神的发源地。兰考也是习近平总书记第二批党的群众路线教育实践活动联系点，一年之中总书记两次到兰考指导工作，兰考县委、县政府郑重承诺“三年脱贫、七年小康”。

脱贫消息的确令人振奋。那么脱贫的依据是什么呢？当然是科学的硬杠杠。2016年4月，中央办公厅、国务院办公厅印发《关于建立贫困退出机制的意见》，明确规定，贫困县退出以贫困发生率为主要衡量指标，原则上贫困县贫困发生率需降至2%以下。此外，贫困人口脱贫还要做到不愁吃、不愁穿，保障义务教育、基本医疗和住房安全。兰考县综合测算贫困发生率1.27%，且抽样群众认可度达到98.96%。

那么，贫困县退出的程序又是怎样的呢？新华社在报道兰考脱贫的消息中写道："国务院扶贫开发领导小组委托中国科学院地理科学与资源研究所开展第三方专项评估""经国务院扶贫开发领导小组审定，并经河南省政府批准"。评估—审定—批准，其中评估无疑是基础。

就在兰考县宣布脱贫摘帽后不久，我见到西部一个贫困县的县委书记。他说，经过几年努力，他们县本来也要在2017年率先在全区宣布脱贫摘帽，但是经过反复思考和商量，为了经得起严格的考核和历史的检验，他们决定把脱贫的基础砸得再实一些，延长脱贫一年。这样看来，无论是已经脱贫的还是正在脱贫的，都把考核、评估看得很重。考核的标准是硬杠杠，绝不能马虎；考核的程序是实打实的，绝不能对付。对标准和程序的敬畏，就是对庄严承诺的敬畏。

3月里的最后一天，习近平总书记主持召开中央政治局会议，专门听取2016年省级党委和政府脱贫攻坚工作成效考核情况汇报。会议强调，要发挥考核指挥棒作用，把求真务实的导向立起来，把真抓实干的规矩严起来，让真干假干不一样、干多干少不一样、干好干坏不一样，确保脱贫攻坚成效经得起实践和历史的检验。

中央政治局专门开会听取脱贫攻坚工作成效考核，不同寻常。听取汇报的对象虽然是省级党委和政府，但是压力是层层传导的。这次会议要求严格落实脱贫攻坚四大制度，其中考核制度赫然在列。

脱贫目标既定。谁是考核对象？中央扶贫开发工作会议以来，脱贫攻坚顶层设计基本完成，“五级书记抓脱贫、全党动员促攻坚”的格局基本形成。在这一格局下，脱贫攻坚工作，无疑是全党的历史使命。所以，脱贫攻坚考核，毫无疑问，首先考核的是党政一把手和各部门一把手。一把手的脱贫攻坚责任制必须严格建立起来、认真落实下去，不折不扣贯彻到底。同时，严格执行脱贫攻坚期内保持脱贫县党政正职稳定制度，对工作卓有成效的党政正职，可以提拔，但不能离开。

发挥考核指挥棒作用，就要把指挥棒挥起来，就要实行最严格的考核制度。只有实行史上最严脱贫考核，才能有效避免假脱贫、“被脱贫”、数字脱贫，才能保证脱贫的成效真实可信，才能经得起群众检验和历史检验。

在考核内容上，要将脱贫责任制的落实、资金的使用与监管、减贫的结果与成效等作为重点。在考核形式上，要把上级考核和横向交叉考核很好结合起来，同时还要像兰考那样，引入第三方评估，充分发挥好第三方评估的作用。

最严脱贫考核还应将巩固脱贫成果纳入其中。脱贫县、脱贫村、脱贫户脱贫后，在脱贫攻坚期内，仍可继续享受现有的国家扶持政策。在严格考核制度下，既要坚决防止层层加码赶进度，也要坚决防止达到了脱贫标准不愿摘帽的倾向，确保考核硬碰硬，脱贫效果实打实。

本文原载于《学习时报》2017年6月12日

扶贫要同扶智扶志紧密结合

前不久在电视上看到一个小品：一位扶贫工作队员包扶某村一位单身贫困户，根据当地的自然条件给他送去了扶贫羊，希望他靠养羊脱贫。然而，工作队员不久后再次来到该户帮扶时，贫困户却将羊杀掉喝了酒，依然大白天躺在破乱不堪的屋子里睡大觉，等着政府的再次救济和帮扶。

又在媒体上看到了这样一个案例：某地贫困户在对口帮扶下，找到了一个做清洁工作的岗位，但坚持不到一个星期，就放弃了。“我才不吃这个苦，也丢不起这个人。”当别人问他为什么放弃时，他这样回答。

脱贫攻坚到了啃骨头、到了攻坚拔寨的冲刺阶段，恐怕更多面对的是这样的贫困户、贫困人，他们不仅是物质的贫困，更重要的是精神的贫困、思想的贫困、志气的贫困、动力的贫困。他们是双重贫困，是深度贫困地区的深度贫困人口，是扶贫攻坚的重中之重、坚中之坚。

对这样的双重贫困户，必须要有精准的识别、深刻的认识。

一般来讲，他们普遍有如下两个特点：一是贫困认同。一部分深度贫困人口甚至连脱贫的愿望都没有，他们不是去分析贫困的主客观原因，不是去寻找脱贫的办法，而是把自己的贫困归结为“命”，把安于贫困称作“认命”，把改变“命运”寄托给“下辈子”。二是贫困依赖。上述两个例子就是典型。这部分深度贫困人口即使有了一定脱贫条件，也没有很强的脱贫愿望，他们担心的是“失去”，不是担心失去“贫困”，而是担心失去扶持、失去关怀、失去送钱送物。他们把扶贫当作一种“待遇”，“等、靠、要”问题突出。

精准扶贫强调精准。针对深度贫困人口的精神贫困，究竟如何着手才更有针对性和实效性？

2017年6月23日，习近平总书记在山西考察期间专门召开深度贫困地区脱贫攻坚座谈会。他强调，要加大深度贫困地区的内生动力培育力度。要坚持扶贫同扶智扶志相结合，注重激发贫困地区和贫困群众脱贫致富的内在动力，注重提高贫困地区和贫困群众的自我发展能力。习近平总书记重要讲话为解决“双重贫困”人口的脱贫问题指明了方向，是精准扶贫思想的丰富和升华。

事物的发展是内因和外因共同作用的结果。内因是事物发展变化的根据，外因是事物发展变化的条件，外因通过内因起作用。党的十八大以来，为了在全面小康的路上不使一个贫困户掉队，党和政府以及社会各界投入大量人力物力财力，年均超千万人脱贫。但是越往后，越认识到扶贫和扶智扶志紧密结合的重要性。面对深度贫困人口，如果只靠外界的帮和扶，而不激发贫困户的内在动力，精准扶贫和精准脱贫就会事倍功半。如果贫困人口失去了摆脱贫困的精神和志气，那么无论外界如何努力，也会像得了“软骨病”的病人一样，无论如何是扶不起来的。

人无志不立，贫无志难脱。精准扶贫要点到思想和精神的“穴位”上，培育贫困地区和贫困人口的内生动力，激发贫困群众的脱贫致富的内在活力，提高贫困人口的自我发展能力，这就是习近平总书记强调“扶贫同扶智扶志相结合”的深意。

所谓扶志，就是要淡化贫困意识，树立脱贫致富的志气，增强摆脱贫困的信心。一句话，就是要有强烈的去贫困的想法和愿望。所谓扶智，就是要加强思想教育和文化教育，提高贫困人口的素质，阻断贫困的代际传递。一句话，就是要找到从根本上拔穷根的办法和途径。扶贫同扶智扶志紧密结合，既是实现脱贫攻坚目标的需要，更是贫困地区、贫困人口持续发展的需要。

本文原载于《学习时报》2017年7月17日

打好脱贫攻坚“硬仗中的硬仗”

离2020年全面建成小康社会的时间节点越来越近，脱贫攻坚到了啃硬骨头、攻坚拔寨的冲刺期。2017年6月，习近平总书记到山西吕梁地区调研，并召开深度贫困地区脱贫攻坚座谈会。不久，他在座谈会上的讲话公开发表，标志着在脱贫攻坚战中，摧枯拉朽地向深度贫困的总攻开始了。

“深度贫困”的提出对我们打好脱贫攻坚战意义重大，说明对贫困的理解更深刻，对目标的把握更清晰，对攻坚的重点更精准，对脱贫的难度也更有思想准备。

所谓深度贫困，就是贫困程度更深，脱贫难度更大，是脱贫攻坚中的坚中之坚，是脱贫攻坚战中“硬仗中的硬仗”。

深度贫困主要有四个层次。一是深度贫困地区，特别是连片的深度贫困地区，比如西藏和四省藏区、南疆四地州、四川凉山、云南怒江、甘肃临夏等地区，贫困发生率普遍在20%左右；二是深度贫困县，贫困发生率达到23%；三是深度贫困村，全国12.8万个建档立卡贫困村居住着60%的贫困人口；四是深度贫困人口，主要是指低保五保贫困人口、因病致贫返贫人口和贫困老人等。这其中，深度贫困地区又是最主要的，因为它涵盖了绝大部分的深度贫困县、深度贫困村和深度贫困人口。因此，深度贫困地区如期完成脱贫攻坚任务对整个脱贫攻坚大局乃至对全面建成小康社会全局具有重要影响，其艰巨性、重要性、紧迫性不言自明。这也是习近平总书记在党的十九大之前调研深度贫困地区、召开深度贫困地区脱贫攻坚座谈会并发表重要讲话的深意所在。

打好这场脱贫攻坚“硬仗中的硬仗”，必须全面贯彻精准扶贫、精准脱贫基本方略。首先要精准把握深度贫困的主要成因。总体上看，四个深度贫困层次有共同点：一是集革命老区、民族地区、边疆地区于一体；二是基础设施和社会事业发展普遍滞后；三是社会发育滞后，文明程度低；四是生态环境脆弱，自然灾害频发；五是经济发展滞后，人穷村也穷。而就深度贫困人口而言，其深度贫困成因中，特别需要关注的是因病致贫、因病返贫问题。

其次要精准施策。深度贫困成因不同，采取的对策也要不一样，不可能一个方子治百病。对一些深度贫困地区，已经出台专门扶持文件的，应继续抓好落实工作。对那些居住在生存条件恶劣、自然灾害频发等“一方水土养不活一方人”地区的深度贫困人口，坚决实施异地搬迁。同时，针对不同扶贫对象，探索多种扶贫方式、综合施策，全面覆盖，旅游扶贫、光伏扶贫、教育扶贫、健康扶贫、林业扶贫、生态补偿扶贫、社会保障扶贫等，十八般武艺，能用上的全用上，能想的办法都要想。前不久我们在山西吕梁地区调研深度贫困，感到精准扶贫就像一张网，将各类扶贫对象牢牢罩住，真正做到贫不漏网。按期脱贫，也总有一招适合你。

虽然解决深度贫困问题是“硬仗中的硬仗”，但是我们也不能过于急躁，更不能好高骛远，吊高胃口。深度贫困地区更要合理确定脱贫目标，而这个目标又是和2020年全国脱贫攻坚的目标是一致的，简单说就是“两不愁三保障”，就是稳定实现农村贫困人口不愁吃、不愁穿，义务教育、基本医疗和住房安全有保障。

党的十九大即将召开，再过两年，第一个百年奋斗目标也将实现。我们要深入学习贯彻习近平总书记在深度贫困地区脱贫攻坚座谈会上的讲话，采取更加集中的支持、更加有效的举措、更加有力的工作，扎实推进深度贫困地区脱贫攻坚，确保深度贫困地区和贫困群众同全国人民一道进入全面小康社会。

本文原载于《学习时报》2017年9月25日

经得起历史检验

中央政治局2018年5月31日召开会议，审议《关于打赢脱贫攻坚战三年行动的指导意见》。随后，习近平总书记对脱贫攻坚工作作出重要指示，强调必须真抓实干、埋头苦干，以更加昂扬的精神状态、更加扎实的工作作风，夺取脱贫攻坚战全面胜利。党的十九大把脱贫攻坚战作为决胜全面建成小康社会必须打赢的三大攻坚战之一，作出全面部署。现在，离决胜目标满打满算还有3年，在这3年内，要让3000万左右农村贫困人口脱贫，且他们大多处于深度贫困地区，困难和挑战可想而知。可以说，攻坚战已经到了最后的总攻阶段，在这关键时刻，党中央及时出台指导意见，习近平总书记及时作出重要指示，将对最终全面取胜产生重要影响。

党的十八大以来，习近平总书记最牵挂的地方就是贫困地区，最操心的事就是贫困人口脱贫。他不仅拿出大量时间亲自调研，发表重要讲话，提出指导思想，而且十分关注脱贫攻坚的进展和成效。中央扶贫开发工作会议之后，2017年3月31日，他主持中央政治局会议，听取2016年省级党委和政府脱贫攻坚工作成绩考核情况汇报，对推进脱贫攻坚工作提出要求；2018年3月30日，他主持中央政治局会议，听取2017年省级党委和政府脱贫攻坚工作成效考核情况汇报，对打好脱贫攻坚战提出要求。这是在坚持精准扶贫、精准脱贫的基本方略之下，对脱贫攻坚战中央统筹、省负总责、市县抓落实工作机制的落实和促进。这个总责负得怎么样，这个落实抓得如何，绝对不是笼统地说说的。

我国脱贫攻坚的目标是，按现行标准到2020年农村贫困人口脱贫、贫困县摘帽，消除区域性整体贫困，确保所有贫困地区和贫困人口与全国一道迈入全面小康社会。在全国592个国家级贫困县当中，河南省兰考县和江西省井冈山市率先于2016年2月实现脱贫，摘掉了贫困县帽子。随后，又有一批贫困县摘帽。可以预料，在严格考核评估下，此后3年，我国贫困县将进入集中摘帽期。

时间紧、任务重、难度大、要求高，这是贫困县面对的普遍问题，特别是看到别的县已经摘帽，自己就有些坐不住了。使命感、责任感、紧迫感固然应该有，但是，时间紧不能头脑发热，急躁蛮干；任务重不能乱了手脚，降低标准；难度大不能避重就轻，消极拖延；要求高不能超越实际，吊高胃口。攻坚要稳扎稳打，脱贫才能真实可靠。脱贫成效不仅要经得住严格的考核评估，更要经得起历史的检验，对历史负责。

贫困地区条件环境不同，脱贫有先后。贫困县摘帽绝不是大功告成。脱贫难，确保脱贫后不返贫、可持续，也绝不容易。中央对摘帽县之所以给予责任、政策、帮扶、监管“四不变”，深意也在这里。每一位贫困县的县委书记都要对照“脱贫工作务实，脱贫过程扎实，脱贫结果真实”的“三实”要求，认真对照检查。如果心里不踏实，宁肯不急于摘帽。

3年之后，历史地解决中华民族千百年来的绝对贫困问题，让贫困地区贫困人口同全国人民一道迈入全面小康社会，我们将站在实现中华民族伟大复兴的新起点。这个基础牢不牢靠，取决于我们这3年脱贫攻坚战打得扎不扎实。

为官一任，总有任期。但是，我们共产党人的事业是要一代一代接续奋斗下去的。经得起历史检验，对历史负责，就是不仅要看到自己的“一亩三分地”，还要看到党和国家事业的大局；不仅看到全面建成小康社会这个3年目标，看到2021年第一个百年目标，还要看到2050年社会主义现代化强国的第二个百年目标。有了这样的大局意识和长远目光，我们的脱贫攻坚才能经得起历史检验，也才能真正获得人民群众的认可。

本文原载于《学习时报》2018年6月25日

给予一线扶贫干部更多关爱

一个大主题，是由很多具体的篇章构成的；一场大战役，是由每一个参战人员形成的整体力量来完成的。脱贫攻坚战，无疑是影响全面小康社会能否如期建成的大主题、大战役，宏观上的谋篇布局、战略部署固然重要，但战场上的冲锋陷阵、奋力搏杀也更加出彩，更有魅力，也更应引人关注。

这段议论是我的有感而发。我问一位相识的基层扶贫干部：两会最关心什么话题？脱口而出后自己也觉得问得多余。扶贫干部反问：你看总书记在甘肃代表团的重要讲话了吗？我说看了。我又问：你对哪一句话印象最深刻？这回轮到我反问他了。他回答，总书记说："加强对一线扶贫干部关爱和保障。"重复这句话的时候，他的声音突然有些哽咽。哦，这就是一个，不，一批，一大批基层扶贫干部的关注点。总书记的话，道出了他们的心声，引起了他们强烈的共鸣。

当贫困人口统计数字持续减少的时候，我们绝不能忽视了一线扶贫干部的付出。这是一支不小的队伍，仅国务院扶贫办的统计，2018年全国共培训扶贫干部779万人次，其中，县级及以下的基层扶贫干部占94.2%；这是一支善于奉献的队伍，许多人撇下年幼的孩子、年迈的父母，常年奔波在贫困山村，吃苦遭罪不说，还要经常搭钱搭物；这是一支敢于牺牲的队伍，脱贫攻坚战打响以来，已有数百名一线扶贫干部牺牲在工作岗位上，他们大多数都还年轻，却以生命践行了“无比艰巨，无比光荣”的誓言。

我们已经书写了人类反贫困历史上的新篇章，我们还要创造人类历史上的伟大奇迹。从现在开始，到完成攻坚目标、全面建成小康社会，满打满算还有两年时间，而剩下的任务都是贫中之贫、困中之困、坚中之坚，都是难啃的硬骨头。这两年，广大一线基层扶贫干部无疑还要作出更多奉献和牺牲，我们要牢记总书记的嘱托，加强对一线扶贫干部的关爱和保障，给予他们更多理解和支持。

本文原载于《学习时报》2019年3月13日

战场·战士·英雄

2019年是中华人民共和国成立70周年。解放战争时期，著名的三大战役为新中国的诞生提前鸣响了礼炮。今天，在迈向全面建成小康社会的征程中，三大攻坚战正如火如荼。特别是脱贫攻坚战，近年来，力度之大、规模之大、影响之深，前所未有。面对今后两年贫中之贫、困中之困的硬骨头，必须按照既定部署，抓住关键，找准短板，精准攻坚，尽锐出战，务求必胜。

在脱贫攻坚战的关键时刻，作为这场重大战役的统帅，习近平总书记亲赴战场，亲临前沿阵地，4月15日至17日在重庆考察并就解决“两不愁三保障”突出问题，召开座谈会，进行作战部署。他指出，脱贫攻坚战进入决胜的关键阶段，各地区各部门务必高度重视，统一思想，抓好落实，一鼓作气，顽强作战，越战越勇，着力解决“两不愁三保障”突出问题，扎实做好今明两年脱贫攻坚工作，为如期全面打赢脱贫攻坚战，如期全面建成小康社会作出新的更大贡献。

事实上，这早已不是习近平总书记第一次亲临前线。脱贫攻坚战打响以来，从延安、贵阳、银川、太原、成都再到重庆，总书记6次考察贫困集中地，6次召开此类会议，针对不同重点和问题进行精准部署。党的十八大以来，我国脱贫攻坚每年、每战都取得重大战果，与习近平总书记的亲自统帅、亲自部署、亲自指挥、亲自督战是分不开的。

脱贫攻坚战的战场有统帅的身影，有各级指挥员的身影，更有千百万战士奋战的身影。全国832个贫困县，在如此大范围的战场上，有多少战士在战斗呢？据不完全统计，这些年，300多万县级以上机关、国有企事业单位干部参加驻村帮扶，目前在岗的第一书记有20.6万人，驻村干部70万人，加上197.4万乡镇扶贫干部和数百万村干部。他们是当仁不让的战斗队，是一马当先的尖刀班，是攻坚克难的爆破手。他们以“为民吃尽天下苦，甘洒热血染山河”的战斗精神，以“流血流泪不留遗憾，任劳任怨绝不认输”的战斗状态而成为新时代“最可爱的人”。

统帅与战士心连心。习近平总书记十分挂念脱贫攻坚一线干部战士，指示“对在基层一线干出成绩，群众欢迎的干部，要注意培养使用”，嘱托“要关心他们的生活、健康、安全”，称赞“这都是我们新时代的英雄”。总书记的鼓励，使广大干部群众的斗志汇聚成磅礴之力，正在中华大地创造人类反贫困历史上最伟大的奇迹。

战场是用来战斗的，要战斗就会有牺牲。脱贫攻坚战一线的广大指战员，奉献的不仅是青春，牺牲的也不仅是亲情，有的还献出了最宝贵的生命。2019年清明节前期，新华社播发长篇通讯，专门记述牺牲在脱贫攻坚战场上的英雄们。从扶贫干部到县委书记，从退伍老兵到驻村第一书记，最年轻的是一位90后的扶贫女干部……他们以生命践行了共产党人的初心和使命，成为当之无愧的“新时代的英雄”。

现在距离全面建成小康社会收官还有不足两年时间，脱贫攻坚战已进入到集中优势兵力打歼灭战的关键时刻，工作重心要向深度贫困地区聚集，在普遍实现“两不愁”的基础上，重点攻克“三保障”面临的最后堡垒。同时，其他两大攻坚战也处在重要关口。我们要以战士的身姿，以英雄的气概，打好脱贫攻坚战的最后一仗，并且乘势而上，开启全面建设社会主义现代化国家的新征程。

本文原载于《学习时报》2019年5月10日

1800

习近平总书记在全国脱贫攻坚总结表彰大会上的重要讲话中，提到很多数字。比如，“现行标准下9899万农村贫困人口全部脱贫，832个贫困县全部摘帽，12.8万个贫困村全部出列……”

比如，党的十八大以来，平均每年1000多万人脱贫，相当于一个中等国家的人口脱贫；2000多万贫困患者得到分类救治；近2000万贫困群众享受低保和特困救助供养，2400多万困难和重度残疾人拿到了生活和护理补贴。

再比如，790万户、2568万贫困群众的危房得到改造，累计建成集中安置区3.5万个、安置住房266万套，960多万人“挪穷窝”。

还比如，全国累计选派25.5万个驻村工作队、300多万名第一书记和驻村干部，同近200万名乡镇干部和数百万村干部一道奋战在扶贫一线。

等等。

但是，我却将目光久久地停留在一个数字上：1800！

“在脱贫攻坚斗争中，1800多名同志将生命定格在了脱贫攻坚征程上，生动诠释了共产党人的初心使命。”“定格”是什么意思？就是他们牺牲了，这1800多名好同志光荣地牺牲了。

2021年2月12日《人民日报》第五版，《关于全国脱贫攻坚总结表彰党中央、国务院荣誉称号拟表彰对象的公示》中，有10人被确定为拟表彰对象，其中有张小娟、姜仕坤、黄文秀3人的名字加了黑框。我们都知道，名字上加黑框，就表示人不在了。

谁说和平时期没有战场？谁说和平时期没有牺牲？2月25日的表彰大会上，虽然没有他们登台领奖的身影，虽然看不到他们庆祝脱贫攻坚战取得全面胜利欣慰的笑容，但是在人民心中，他们是更高大的存在，光荣也属于他们！请听，习近平总书记给予他们最高的评价：“脱贫攻坚殉职人员的付出和贡献彪炳史册，党和人民不会忘记！共和国不会忘记！”

共和国的脱贫攻坚战是一部大书奇书，那一组组数字背后，是一个个鲜活的故事。

党中央一声令下，数以百万计的扶贫大军奔赴全国最偏远、最艰苦的地方，他们克服种种困难，日夜奋战在扶贫第一线，顾不得年迈的父母、年幼的孩子，很多年轻干部为此推迟婚期、延迟生育。“他们爬过最高的山，走过最险的路，去过最偏远的村寨，住过最穷的人家，哪里有需要，他们就战斗在哪里。”他们为了贫困地区人民过上正常的生活，而牺牲了自己的正常生活。

脱贫攻坚8年时间，各级党政领导干部特别是党政一把手始终把历史重任和殷殷嘱托扛在肩上，记在心里，统筹谋划，强力推进，干在前列。“五级书记抓扶贫、全党动员促攻坚的局面”，是人类减贫史上从未有过的画卷；各级党政主要负责同志签责任书、立“军令状”，是任何国家都没有过的干法。脱贫攻坚期内保持贫困县党政正职稳定的要求，县委书记、县长们无怨无悔。

有一种牺牲是生命，有一种牺牲是生活，有一种牺牲是升迁，所有的牺牲是升华！升华成伟大的脱贫攻坚精神：上下同心、尽锐出战、精准务实、开拓创新、攻坚克难、不负人民！

取得了脱贫攻坚的全面胜利，我们已然迈开了新生活、新奋斗的脚步。在新的征程上，有了脱贫攻坚精神的洗礼和鼓舞，中华民族将以更加昂扬的斗志克难攻坚、克敌制胜，实现一个又一个新目标，取得一个又一个新胜利。

本文原载于《学习时报》2021年3月1日

1800和1800

曾以《1800》为题写过一篇评论，主要是讲“在脱贫攻坚斗争中，1800多名同志将生命定格在了脱贫攻坚征程上，生动诠释了共产党人的初心使命”。

其实，在写这篇评论的时候，我就想到了另一个“1800”，而且这两个“1800”还有着紧密的内在联系。这个联系人叫张桂梅，她是云南省丽江市华坪女子高级中学党支部书记、校长。

在习近平总书记提到第一个“1800”的全国脱贫攻坚总结表彰大会上，张桂梅获得了“全国脱贫攻坚楷模”荣誉称号。引人注目的一个细节是，她是坐在轮椅上被推着上台领奖的。而在不久前感动中国2020年度人物颁奖时，她还是一步一步走上台的。

是的，脱贫攻坚我们牺牲了1800多名好同志，他们永远没有机会登上领奖台，但正如习近平总书记所指出的：“脱贫攻坚殉职人员的付出和贡献彪炳史册，党和人民不会忘记！共和国不会忘记！”同时，每一个获得表彰的脱贫攻坚先进个人和先进集体以及没有获得表彰的成千上万的扶贫干部，也都作出了重大贡献，付出了巨大牺牲。就拿被总书记称为“献身教育扶贫、点燃大山女孩希望”的张桂梅来说，瘦瘦弱弱的她身患20多种疾病，每天吃近20种药。没有人不清楚，她是拿命来拼的！

张桂梅扎根边疆教育一线40多年，克服难以想象的困难，办起了中国第一所公办免费女子高中，以一个共产党员的全部生命为大山女孩拼出了一个新的世界，拼出了一个新的人生舞台。2008年建校以来，一茬又一茬大山女孩走出大山、走进大学，她们总共有多少人呢？1800多名！

有必要提醒注意，张桂梅办的是女子高中，这1800多名走进大学的学子是清一色的女孩，这背后的艰辛和波折不说，它更重要的意义在于，这些走出大山的女孩要学成就业，走向不同的工作岗位，要结婚生子，抚养教育下一代，贫困的代际传递将在她们这里彻底被阻断。

一个1800，为脱贫攻坚而牺牲；一个1800，受益脱贫攻坚而新生。一个1800是丰碑，告诉我们不忘走过的路；一个1800是希望，预示我们国家的未来更美好。

数字从来都不是干巴巴的。数字背后有故事，我们要讲好数字背后的故事。数字背后也有道理，我们要感悟数字背后的道理。数和理，在中国传统文化里，本来就这样内在和辩证。那么，两个1800告诉我们什么？启示我们什么？

共产党人的牺牲为了谁？1800多名大山女孩陆陆续续走进

大学校园的时候，1800多名同志正陆续奔赴在脱贫攻坚战场的征程上。他们也许擦肩而过，也许来不及互相望上一眼。“我不知道你是谁，但我知道，你为了谁。”

共产党人“豁出命改变她们的命”值不值？张桂梅奋斗了40多年，把命都豁出去了，没有子女，没有财产，却拥有了可以叫她“张妈妈”的1800多个女儿。在共产党人的心中，在共产党人的价值观里，这种投入产出的账就一个字：值！

共产党人的最高境界是什么？无论是牺牲的1800多名攻坚战士，还是为改变1800多名大山女孩命运而牺牲了健康的攻坚楷模，他们都以生命告诉我们，共产党人的最高境界，就是“我将无我”。

共产党人生命的意义在哪里？生命就是活着，但共产党人生命的意义绝不仅仅是活着。共产党人对生命意义的参悟全部体现在对“我是谁”“为了谁”的思考和回答之中。2021年，中国共产党迎来了百年华诞，我们在新时代进入了新阶段、开启了新征程，我们除了融入奋斗的时代主题，用生命去奋斗，在奋斗中感悟生命的意义、体会生命的快乐，还有别的选择吗？

…………

本文原载于《学习时报》2021年4月16日

从全面小康到共同富裕

全面建成小康社会后，我们将开启全面建设社会主义现代化国家新征程，这是十九届五中全会提出的重大论断。新征程就是从全面小康到共同富裕的征程。

温饱、小康、富裕，是千百年来中国人民一步一步追求和向往的生活形态。新中国成立前夕，80%的中国人处于饥饿状态。新中国成立后，中国共产党始终把解决贫困人口的温饱问题作为重要任务，带领全国各族人民为此不懈奋斗，取得重大成就。到20世纪末，基本解决了中国历史上几千年都没有解决的人民的温饱问题，标志着中国人民在新的起点上进入新世纪，也为世界历史发展和人类文明进程作出了特殊贡献。

小康理论是中国共产党的伟大创造，自提出以来，内涵不断丰富，认识不断深化，从小康到全面小康，从小康生活到小康社会，从建设到建成。小康与扶贫攻坚、脱贫攻坚紧密相连，也与现代化建设和现代化进程紧密相连。20世纪后20年的扶贫攻坚，是解决贫困人口的温饱问题，而21世纪的头20年，特别是党的十八大以来的精准扶贫、精准脱贫，重点解决的是全面建成小康社会一个都不能少的问题。

温饱不止步，小康不满足，富裕在前头。全会顺应人民需要，紧紧抓住我国社会主要矛盾，在新征程中把促进全体人民共同富裕摆在更加重要的位置，强调扎实推动共同富裕，提出全体人民共同富裕取得更为明显的实质性进展，揭示了社会主义的本质要求，反映了人民群众的共同期盼，必将凝聚起全体人民奋进新征程的磅礴伟力。

本文原载于《学习时报》2020 年 11 月 27 日

共同富裕企业做什么

在现代汉语中，捐献、投入、助力等词语具有不同的含义，与相关词语搭配，也意味着事物不同的方向，甚至不同的性质。作为知名企业，500亿也好，1000亿也罢，不管是捐献、投入，还是助力，毕竟是宣布准备拿出来了，因而网络舆论一阵欢呼，有的甚至称其为“觉醒”和“觉悟”。其实完全没必要过度解读，也没必要过早解读。反倒是这种行为引起的另一种倾向应该引起我们的重视，这就是，它引起了市场主体的一种普遍的紧张和纠结：我拿不拿，我拿多少，不拿会怎么样……

既然共同富裕是国家的大战略、大方针，企业自然就不能置身事外。那么，企业究竟应该做什么？

回答基本问题，还是要回到基本常识上来。

第一，做好企业。这不是废话吗？当然不是废话！企业家做好企业，是天职也是本分。不管你的企业是刚起步，还是做到本领域第一、全国第一，乃至世界第一，你都不能偏离你的天职和本分，偏离了天职和本分，就会走到岔路上去，就会出问题。办企业是有方向的，也是有边界的，也就是说企业家考虑问题也是有方向的、有边界的，不要试图以我的方向为方向、以我的边界为边界。如果偏离了方向、超越了边界，想了不该想的，做了不该做的，就是脱离了企业家的天职和本分，也是背叛了企业家做好企业的基本准则。企业做不好，空有大的架子，如果负债累累、亏损严重，即使你把它全部交给国家、献给社会，也绝不会认为你是成功的企业家，而一定会认为你是一个失败的企业家。企业家的头顶只能戴一顶帽子。企业家戴上了这顶帽子，就要好好做企业，就要把企业做好，就要一心一意地做，全心全意地做。我们反复强调“两个毫不动摇”，归根结底就是鼓励企业家做好企业。市场主体是直接创造财富的，也是做大蛋糕的，只有千千万万个企业做好了，蛋糕也才能越做越大，共同富裕才有扎实的基础。

第二，依法纳税。如果说做好企业是企业家的天职和本分，那么依法纳税就是企业（这里的企业指一切市场主体，当然也包括娱乐明星等）与生俱来的基因。关于税收制度建立、作用以及纳税人的义务等，相信所有企业创办者都明白，但是明白和做到是两码事，有时反而因为明白才不去做到。一些企业自创办之初就想方设法避税，绕着弯子寻找所谓“避税天堂”；一些企业精于设计，把所谓“合理避税”用到极致；一些企业在签订合同等各个环节耍手段、玩猫腻，甚至冲撞法律底线……有的企业说，不偷漏税企业就没有利润，还有的声称，用偷漏税的钱来做慈善。税收本来就是蛋糕的一部分，现在却被有人像小偷一样一块一块地偷走了，这是绝对不能容忍的，是与做大蛋糕、共同富裕完全背道而驰的。依法纳税、不偷不漏，应该变成企业家的政治自觉、情感自觉。如果在这方面有瑕疵，在其他方面玩的花样再高明，也不能抵消作为小偷偷蛋糕的羞耻。

第三，吸纳就业、发放工资。就业是民生之本，也是共同富裕的基本路径，不仅对个人、对家庭是天大的事，对经济循环和发展也是天大的事，所以保就业被放到了“六保”之首。从全国来看，保就业一直面临不小挑战。对企业来讲，能用工就用工，能少减员就少减员，特别是在疫情等困难时期，企业的困难不少，需要多方共同克服。有就业才有收入，给员工发工资是履行合约，也是企业天然之道。社会主义市场经济绝不是资本雇佣劳动那种简单的关系，而是一种新型命运共同体，企业发展好了，也要让员工有更多获得感，能涨工资就涨工资。那种让员工节衣缩食、企业拿着钱去做慈善的行为不应该提倡；那种自以为可以让员工多作贡献、把“996”当作特殊福利的做法，已经违法，更应该反对。一大批充分吸纳就业、足额发放工资的市场主体的存在，是我们在迈向共同富裕的新征程中，绝对值得高兴的事。

除了以上三条，企业还做什么？我的回答是，不管做什么，先把这三条做好。也就是说，面向“共同富裕企业做什么”

的问题，以上三条是必答题，其他是选答题，整个一张卷子，“3+N”个题，总不能必答题没答好甚至不及格，却在选答题上下功夫吧！

本文原载于《学习时报》2021年9月15日

共同富裕不是什么

在生活中，我们经常用“是”来作肯定性判断，用“不是”来作否定性判断。为什么既要有肯定性判断，又要有否定性判断？因为任何事物之间都是既对立又统一的关系，而事物自身就包含了既肯定又否定的关系。这是辩证法的基本规律，也是矛盾规律。从认识论方面讲，对同一事物的判断，否定性与肯定性紧密相连，可以让我们对事物的本质认识得更清楚，所以，否定性判断不是从属的，更不是可有可无的。

这段时间，共同富裕成为社会热门话题，这反映了人们的期待和向往。共同富裕与脱贫攻坚和全面小康不同，后两者有具体指标，有比较明确的着力点，还有考核和评价体系。共同富裕作为国家重大战略部署提出不久，媒体讨论还停留在一般性论述上，在这种情况下，每一个人都会从自己的角度、从自己所扮演的角色来理解和认识，有差异甚至很大差异都是难免的，但产生的一些模糊认识甚至错误认识则是有害的。为此，一方面，应该尽早出台更详细、更具体的规划或方案，让每一个人都有一个比较明确的预期；另一方面，对一些模糊甚至错误认识要及时加以澄清。

共同富裕是什么，这个“是”很重要。比如，共同富裕是千百年来中国人民的梦想；共同富裕是马克思为社会主义设定的一个基本目标；共同富裕是社会主义的本质要求，是中国式现代化的重要特征；共同富裕是全体人民的富裕；共同富裕是一项长期的任务；等等。

共同富裕不是什么，这个“不是”也很重要。

共同富裕不是少数人的富裕。这个好理解，也不用多说。所谓“共同”，就已经包含了“绝大多数”和“大家一起”的意思。但是这一否定性判断还是有意义的，因为它具有比较强的针对性，反映了一种普遍存在的社会指向。一个时期以来，极少数先富起来的人言行不端，超出了人们的包容范围。与此相联系，这一否定性判断的更重要意义在于，我们所要建设的共同富裕，是一种人人都享有的富裕，就像我们强调脱贫攻坚“一个都不能少”、全面小康“一个都不能落下”一样。

共同富裕不是没有差别的平均富裕。共同富裕是一个很有张力的概念，也是一个弹力较大的概念，不能把它简单地看作一个点，也不能看作是一条拉直的线，或者拿把尺子一量，齐刷刷分毫不差，多一块钱也不行，少一块钱也不可。即使到了实现共同富裕的那一天，人与人之间、户与户之间、领域或地域之间等，仍然会有一定的差别，只不过这种差别是在一定的范围之内。没有差别的共同富裕是不可能存在的，不承认差别的态度也不是唯物主义的态度。

共同富裕不是整齐划一的同步富裕。党和国家会为共同富裕创造制度和政策条件，但是城乡发展基础不同，地区资源禀赋有别，每个人的能力水平、职业岗位也都不一样，所以不能指望在某个时间点上大家整齐划一地一同迈进富裕的大门。共同富裕既是有差别的富裕，也是有先后的富裕。

共同富裕不是劫富济贫的财富分配。生产力的持续发展、高度发展才是共同富裕的根本基础。没有生产力发展，共同富裕就是一个大大的画饼；仅仅注重现有财富的分配，就会造成生产力的破坏和倒退，从根本上动摇共同富裕的基础。财富肯定是创造出来的，而不是分出来的，鼓励先富带后富，就是仍然要继续鼓励一部分人合理合法地先富起来，那种希望从富人的蛋糕上切一块让自己富起来的想法，就像把高个子的腿截下来一段接到矮个子的腿上一样，肯定是不行的。

共同富裕不是不想奋斗的搭车富裕。共同富裕既然已经上升到国家层面的战略和目标，还真就有人幻想裹到浩浩荡荡向共同富裕进军的队伍里，轻轻松松地就能实现富裕，即使扯扯后腿也没关系，反正你也不能把我落下。这种现象这种人其实我们在脱贫攻坚的时候就已经遇见。对于这样的想法这样的人，还真有必要敲敲黑板，提醒提醒，不想努力，不愿奋斗，只想获得，只想享受，搭共同富裕的车，这是行不通的！

共同富裕不是短期就能实现的富裕。共同富裕是一项长期的任务，也是一个长期的过程，对此我们也要有一个清醒的认识，不能犯急躁病，不能超越条件和阶段，也不能吊高胃口，要立足现实基础和现有条件，既量力而行，又尽力而为，使人们在持续的奋斗过程中，不断体会获得感、幸福感、安全感的满足，把实现共同富裕的长期的过程，作为一次幸福的长征。

共同富裕不是单一的物质富裕。一说富裕，很多人往往理解成物质上的富裕，甚至单纯地理解为钱多，这不能说是错误的，但肯定是不全面的，我们作为战略目标的共同富裕，是全面的共同富裕，既包括物质生活的共同富裕，也包括精神生活的共同富裕，否则我们的共同富裕，就不是完整的共同富裕，也不是真正的共同富裕。从眼下实际情况来看，促进人民精神生活共同富裕，绝对不比物质生活共同富裕容易，特别是高质量、高品质的精神生活，更是人民所期待的。

共同富裕不是单纯的经济问题。我们党顺应人民意愿，在开启第二个百年奋斗目标新征程的关键时刻，作出扎实推动共同富裕的重大战略部署，并要取得更为明显的实质性进展，这是我们在全面建成小康社会的基础上迈向社会主义现代化强国的重要步骤。这不是一个单纯的经济问题，而是重大的政治问题，因为它是我们党的宗旨的体现，是我们党坚持以人民为中心的发展思想的体现。让人民过上幸福生活，是国之大者；让全体人民共同富裕，是国之大者。

本文原载于《学习时报》2021年9月29日

共同富裕谨防“福利主义”陷阱

做点轻松的工作，甚至不工作，就可以享受到各种保障，冬天可以去滑雪，夏天可以去海边晒太阳，而且这样的日子是普遍的，人人可以享有的，是不是很惬意？这当然令人向往。还记得前些年，很多人羡慕北欧国家的日子，认为那才是我们的方向和目标，幻想有朝一日国家能够包揽我们所需要的一切，就像有些学者所说的，社会福利覆盖每一个公民“从摇篮到坟墓的一生”。近来强调共同富裕，有些人又陷入了这样的迷思，某些不适当的情绪涌上心头，以为高福利、全福利的时代就要到了，好在权威部门和有识之士果断发声：共同富裕须防落入“福利主义”陷阱。

共同富裕—福利—福利主义—福利主义陷阱。你看，从共同富裕到“福利主义陷阱”也就一两步之距，它们虽然没有血缘关系，但它们是近邻，俗话说远亲不如近邻，这个近邻的关系如果处理不好，就有可能掉入陷阱。

“福利”这个词还是很有魅力的，也是很有想象力的，按一般人的理解，就是利益、待遇和保障。而福利主义就显得很有学问了，已经上升到政策、制度和学说理论的层面了。作为一种社会思潮，它产生的时间也比较早，大概在19世纪末期就开始流行，它有自己的代表人物和学说体系，但本质上是为挽救资本主义制度所进行的局部改良。从一些公认的福利国家的实践来看，的确带来了一些好处，比如，比较普遍地提高了居民生活水平，一定程度上减缓了两极分化，缓和了社会矛盾。但是它的副作用可不容小视：第一，会使人过度依赖福利而变得懒惰、懈怠，不愿意工作，不愿意奋斗，逐渐失去进取心和创造力；第二，大规模的、持续性的福利开支会增加政府负担，使国家不堪重负，而增加税收又会增加企业和个人负担，形成非良性循环，从而给经济运行带来破坏；第三，福利制度一旦形成民众依赖，在政府经济困难时，缩减福利往往会引发社会动荡；第四，如果政府为了维持福利不断举债，那么债务危机就迫在眼前了，政府破产就会成为现实，曾经的希腊就是明显的例子；第五，一些西方国家政党在竞选时，为了讨好选民、拉选票，大开口头支票，不顾实际地承诺福利只增不减，实际上是对国家和人民的不负责任，体现了资本主义民主的虚伪；第六，个别发达资本主义国家一旦发生债务危机，便利用霸道手段千方百计转嫁危机，割全世界人民的韭菜……

福利主义的这些负面作用形成了“福利主义陷阱”，但福利主义具有深厚的道德基础，致使一些人在走向陷阱的时候还趾高气扬。在我国，福利政策、福利制度乃至福利国家，一直为一些人所倡导和向往，因此在推动共同富裕取得实质性进展的过程中，讲清楚二者的根本区别，讲清楚福利主义的危害，十分必要。

我们是共产党领导的社会主义国家，我们所讲的共同富裕有自己的特定内涵，就是全体人民通过辛勤劳动和相互帮助，普遍达到生活富裕富足、精神自信自强、环境宜居宜业、社会和谐和睦、公共服务普及普惠，实现人的全面发展和社会全面进步。这样一个表述与福利主义有本质不同，特别是我们强调要通过辛勤劳动和共同奋斗来实现共同富裕、共同享有，强调共同富裕的长期性、艰巨性、复杂性，强调共同富裕是包括精神富裕在内的全面的富裕，强调政府不会大包大揽，强调要防止出现“养懒汉”“等靠要”等现象，等等，无一不是在和福利主义划清界限。所以，虽然是近邻，但绝对是近而不同。

本文原载于《学习时报》2021年10月20日

靠前

在学习中央经济工作会议精神的时候，我感觉“靠前”两个字是跳出来进入我的视野的。

2021年底召开的中央经济工作会议要求，2022年经济工作要稳字当头、稳中求进，各地区各部门要担负起稳定宏观经济的责任，各方面要积极推出有利于经济稳定的政策，政策发力适当靠前。

此后，中央层面政策“靠前”的发声越来越密集，声调也越来越高。同时，“靠前安排”“加快节奏”“适时加力”等相关表述也频繁出现。“靠前”的鼓点在催促着靠前的脚步，经济工作中一种“靠前”的氛围已经形成，“靠前”的紧迫感也随时随地都能感觉到。

中央经济工作会议是为经济工作定调的会议。2022年经济工作的总基调或者总方针就是稳字当头、稳中求进。“稳”和“进”的目的能否达到，5.5%的增长目标能否实现，出台什么样的政策以及出台政策的时机很重要。面对经济形势可预期、难预期甚至超预期的大环境，中央经济工作会议超常规地一口气推出7大方面的政策，形成了一个超寻常的政策组合，这充分表明，我们的政策“工具箱”里装的工具是充分的、丰富的、管用的，现在的关键是要让政策尽快发挥应有的效力。如果说2022年经济工作的总基调是稳字当头、稳中求进，那么，经济政策的基调就是“靠前”。政策真正靠前了，就有助于稳和进；政策停滞不前，或者磨磨唧唧，那肯定就会扯后腿。

另外我觉得，重视“靠前”、理解“靠前”，更有助于我们全面准确理解中央经济工作会议精神。2022年的国内外形势极其特殊，中央经济工作会议的内容丰富而深刻，“靠前”这个看似普通的词很有深意，也给我们提供了学习领会会议精神的独特视角。宏观政策、微观政策、结构政策、科技政策、改革开放政策、区域政策、社会政策，这七大政策虽然具体表述不同，但是全在靠前之列。其实从每一项政策的具体表述中，我们也似能够感受到“靠前”的迫切。比如，讲到宏观政策时，指出要保证财政支出强度，加快支出进度；实施新的减税降费政策，强化对中小微企业、个体工商户、制造业、风险化解等的支持力度，适度超前开展基础设施投资，等等。

靠前要靠到位。靠前不到位，等于没靠前。到位首先是认识到位。各级领导干部要从政治高度深刻理解党中央提出的政策靠前的深刻内涵和重大意义。中央要求的是政策靠前，但是制定和出台政策的各地区和各部门、各方面领导干部如果思想不往前靠，怎么能做得到呢？现在这样的紧迫形势，如果认识不到位，思想不靠前，就是没有担负起稳定宏观经济的责任，就是没有做到同以习近平同志为核心的党中央保持高度一致。到位关键是政策到位。政策到位主要有三层含义：第一，已经出台的政策要落到实处。时间紧迫，不能耽搁，不能形成“中梗阻”，更不能卡在“最后一公里”。第二，已经明确要出台的政策要尽量提前出台。时机稍纵即逝，该出台时不扭捏，能早出就早出，能快出就快出，早出快出，既坚定市场信心，又引导市场预期，意义大得很。第三，要根据新的情况研究准备新的政策预案。立足“稳”和“进”，力避“险”与“危”，确保产业、供应不断“链”，联通研判预判决断一条线。

靠前就要瞻前。世界局势复杂演变，国内疫情近期多发，有些突发因素超出预期，我们的经济工作从来没有面临过今天如此大的不确定性，这为我们领导经济工作带来了巨大挑战。不提高本领是不行了，没点真本事是不行的。就像对弈，手里不仅要有棋子，还要会看步。过去是走一步看一步，最多看两步，现在要走一步看三步，甚至四步五步……瞻前才能不顾（虑）后，才能做到政策储备及时，关键时刻靠前到位。瞻前要准确把握市场预期，综合运用望闻问切方法，号准市场脉搏，无论是部门还是地方，也无论是哪一方面，都不能出台不利于市场预期的政策，都不准传达出弱化市场预期的任何信号。

政策靠前发力要有力度，在发力的时候还要适时加力。发力之“发”，要有“暴发”之感，不能像挤牙膏一样一点一点地往外挤。政策发力不仅要有武林大师的“点穴”之功，点得准，而且要有力度，该加力的时候不含糊，定要让市场直接感觉到，定要让市场主体感受深刻。当前市场主体特别是中小微企业、个体工商户困难很多，压力很大，我们已经出台的一系列税费政策无疑是雪中送炭，要让他们感受到“炭”的温度和温暖，坚决不能出现“这边鼓点敲得山响、那边主角就是不出场”的情况。

政策靠前发力，发的是组合之力，发的是拳头之力，而不是指头之力。七大政策是一个不得了的政策体系，一个个政策相继靠前，鱼贯而出，共同发力，政策的综合效应就会更强大、更有威力。这就要求部门与部门之间、地方与地方之间、部门与地方之间，出台的政策不仅是正向的，而且是同向的，绝不是拧巴的。

本文原载于《学习时报》2022年4月22日

活主体

2021年12月17日，中国政府网的一则通报引起广泛关注，这就是关于河北省霸州市出现大面积大规模乱收费、乱罚款、乱摊派问题的督查情况通报。这则由国务院办公厅督查室发布的通报，披露了霸州这一县级市无视中央精神，违规出台非税收入考核办法，下达非税收入任务，组织开展运动式执法，导致大面积大规模乱收费、乱罚款、乱摊派问题，引起企业和群众的强烈不满。

从通报看，霸州“三乱”有三个明显特征：一是没有任何理由和手续就伸手向企业收费；二是对企业集中开展逐利式乱检查乱罚款；三是盲目提出超高任务向村街企业乱摊派。

这则在中央经济工作会议闭幕一周之后公布的通告，指向性极强，针对性极强，警示性极强。可以说，霸州的做法为贯彻落实中央经济工作会议精神提供了一个反面“标杆”，不是稳字当头、稳中求进，而是急字先行、急中取乱，不仅违背了市场规律，也违背了有关法律。霸州“三乱”的直接原因无疑是地方政府财政困难，但是地方政府财政困难的同时，各类市场主体也处于艰难境地。这个时候如何处理二者之间的关系，是检验领导干部领导经济工作专业能力的重要标尺，也是检验是否把中央重大决策部署理解到位、贯彻到位的关键。

一位做文旅产业的企业家，2020年见面时还信心满满，2021年上半年见面时依旧还有信心，下半年再见时，已经满面愁容，员工工资发不出了，企业已经快撑不下去了。他特别希望疫情能够早日过去，也特别希望有关部门对企业的援助之手力度再大一些，帮一把、拉一把，度过暂时的困难。

从中央经济工作会议部署来看，中央是深知广大市场主体所急所需所盼的。这次会议一个重要特点，就是宏观微观并重，宏观政策微观政策并施，而微观政策的落点就是市场主体。会议提出鲜明论断，社会主义市场经济是一个伟大创造。而市场主体就是市场经济的源头活水，珍视市场主体，敬重市场主体，也是对我们党伟大创造的珍视和敬重。中央经济工作会议集中体现了这一点，比如强调，要继续做好“六稳”“六保”工作特别是保就业保民生保市场主体；比如强调，市场主体承载着数亿人的就业创业，要继续面向市场主体实施新的减税降费，帮助他们减负纾困、恢复发展；比如强调，要促进多种所有制经济共同发展，优化民营经济发展环境，依法保护各类市场主体产权和合法权益；等等。从中央经济工作会议结束后出台的政策来看，其方向和重点都是照此而来的。

根据权威媒体披露，我国市场主体总量已经突破1.5亿，这已经是全国总人口的1/10了。当然，我们还应该对市场主体的结构作认真分析，特别是要弄清楚哪些事实上已经不存在了，哪些处于休眠状态，哪些还能挺着，哪些撑不下去了……

当前国内外形势严峻复杂，疫情冲击尚看不到减缓的迹象，这一世界上最大的市场主体群体普遍遇到了不同程度的困难，特别是广大中小微企业和个体工商户，面临的可以说是生死考验。保主体首先要活主体，活主体首先要活下来、活下去，这是前提，然后要有活力，有创造力，有吸纳就业的能力，有创造利润和财富的能力。我们常说“养活”，要想“活”，得靠“养”，市场主体和人体一样，风霜雨雪天气容易感冒，要营养充足才不会萎靡下去，才能够缓过神来，这时候最关键的就是输送养分、休养生息。我们一系列的财政、货币、金融等政策支持，大面积的减税降费举措，持续不懈的营商环境优化，就是希望通过“输血”“造血”，提升主体的肌体活力，进而强筋壮骨，活得好、活力强。

活主体是稳增长稳就业的坚实支撑。市场主体不是和我们每一个人没有关系，而是有很直接、很密切的关系，可以说，只要你还有工作，还在岗位上，绝大多数人都是活在某一个市场主体里面。因此，市场主体活不好，我们每一个人都活不好；市场主体活下来，活得好，我们就有班可上、有业可就、有社保可保、有工资可发。从霸州这个反面例子可以看出，活主体，政府及其有关部门责任很大，甚至起的作用是决定性的。但是，我们每一个人也并非无事可做。在网络世界里，我们经常看到，面对一个企业的倒塌，往往是旁观的多，指责的多。其实，资本是资本的问题、企业家是企业家的问题。作为市场主体，不管是大是小，迈不过市场的生死之关，都应该获得同情，至少不应是幸灾乐祸。我们不应该忽视，这样的氛围对广大市场主体的影响和危害，并不亚于霸州“三乱”。

中央经济工作会议指出，我国经济发展面临需求收缩、供给冲击、预期减弱三重压力，这是一个新的重大判断。在三重压力之中，“预期减弱”恐怕影响更大、决定性更强，因而更应给予足够的重视。在社会预期中，市场主体的预期起着突出作用。市场主体的预期弱，预期弱的压力就会变大；市场主体的预期强，预期强的希望就会变大。全社会都应有与市场主体建立命运共同体意识，哪怕一个同情的注视、一句温暖的鼓励，汇聚起来，对处于困难境地的广大市场主体来说，就是一种激励，一种信心，一种力量。

本文原载于《学习时报》2022年1月12日

说“直达”

直到今天，说起“直达”这个词，我脑海里首先反映出来的还是20世纪八九十年代坐绿皮火车时的感受。那时候，火车分为普快、直快、特快等几个类型。实际上，火车本身的速度和路轨等条件都差不了多少，快与不快，主要影响因素是运行期间停的站数和停的时间长短。就是说，同样的距离，火车中间停的站数越少，到达的时间就会越短，那么相应地，火车就会越快。要是一站都不停，从A站直达B站，那就更快了，也更能节省时间。其实，即使到了今天的高铁时代，这种现象同样存在。

近两年，“直达”这个词越来越多地用到了经济社会领域。高层会议、领导人讲话、各种文件，越来越强调“直达”。这里所强调的“直达”，当然不是指火车，而是指财政资金。这几年，国内外环境严峻复杂，经济下行压力比较大，国家财政不富裕，县市基层和中小微企业也困难。这时候，财政政策和财政资金的作用会更明显、更直接、更重要。

我印象比较深的是2020年5月28日，十三届全国人大三次会议闭幕后，国务院总理李克强在记者会上强调政策资金使用时，一连说了三个直达：直达地方、直达基层、直达民生。他强调要争取一个特殊的转移支付机制，来确保这些钱全部落到企业特别是中小微企业，落到社保、低保、失业、养老和特困人员身上。此后开始研究建立常态化的财政资金直达机制并逐步扩大范围。2021年《政府工作报告》明确提出，将2.8万亿元中央财政资金纳入直达机制，为市县基层惠企利民提供更加及时有力的财力支持。2022年以来，又多次强调中央财政将更多资金纳入直达范围，同时要求省级财政也要加大对市县的支持，务必使基层落实惠企利民政策更有能力、更有动力。

那么问题来了。现在强调“直达”，那过去是不是没有直达？过去没有直达，钱是怎么分的呢？2021年4月21日国务院常务会议上，李克强总理的一段话同时回答了这两个问题：“去年面对疫情对经济造成的严重冲击，我们实施规模性纾困政策，没有按过去惯例把财政资金逐一分到各个部门，而是采取直达机制，把中央财政下达的1.7万亿元‘救命钱’，直接下达到基层，最快7天抵达，以此支撑了大规模的减税降费。”

从这段话中我们可以明白，第一，财政资金直达基层是从2020年开始的，以前确实没有直达。第二，以前没有直达，钱分哪去了呢？分到各个部门去了。也就是说，分到各个部门后，再由各个部门层层往下分，这实际就是“盛名已久”的“跑部钱进”的由来。

这种情况的产生和我们的治理结构有很紧密的关系。央地关系实际运行中很大程度上演化成了部门和地方的关系。财政资金先分到各个部门，然后再由各个部门层层往下分，中间环节多、时间长、效率低不说，还往往由“往下分”变成了“向上跑”，衍生很多相关问题。而且，同一类资金往往多个部门有。比如农村市场建设，农业部门有钱，商务部门有钱，供销部门有钱，基层为了拿钱，就要各显神通跑“部”。另外，各部门的钱到了基层又不能统筹使用。比如，从前在市县采访调研，经常遇到市县领导这样抱怨：建学校的钱就得建学校，建医院的钱就得建医院。如果我这个地方学校建得好，医院比较差，可不可以把建学校的钱用到建医院上？不行！用了就是挪用，不仅要受到处罚，更重要的是，下次再要钱就难了。

这种资金分配机制强化了部门地位，弱化了资金效能，同时，带来廉政风险等相关问题，改革势在必行。2008年，国际金融危机爆发，我国出台4万亿元投资计划应对经济下行。4万亿元资金如何使用？我当时写了一篇文章，提出了直达县（市、区、旗），即全国2800多个县市，平均每个直达1亿元，占4万亿元的还不到1/10，但综合效应巨大。对于这些直达资金如何使用和监管，也提出了具体方案。我当时刚提出县域经济是中国经济之“腰”，所以就管这叫拦“腰”出重拳。文章发表后，曾引起反响。

现在，财政资金直达基层已由机制创新变成一项常态化的制度安排。我觉得，这项改革的意义，如果仅仅从资金分配的角度来认识、来理解，恐怕是远远不够的，它应该是对我国条块分割、条块共治的治理结构的破局之举。治理结构现代化是治理体系现代化的基础，因此，它对我国治理体系现代化的影响值得关注，值得研究，也值得期待。

本文原载于《学习时报》2022年4月20日

坚决不能让北京“沦陷”

每一个人都可以而且必须作出贡献

一场突如其来的疫情从武汉传遍全国，打乱了每一个人的生活轨迹和节奏。抗击疫情，打赢疫情防控阻击战成为当下中国最最重要的事情。这是一场没有硝烟的战争，也是一场全民动员、群防群治的真正的人民战争。战争打响，广大医务工作者冲在最前面，人民子弟兵冲在最前面，新闻工作者冲在最前面，他们是贡献最大的人，理所当然是最可敬可爱的人。

关在北京的家里，静静地望着窗外，这场雪已从昨天下到今天，雪花无声地飘落，地上已积得很厚，树枝上也开满了白色的花朵。那个站在窗前的人，是本来应该在公园徜徉的老人，是本来应该在教室里苦读的学子，是本来应该在办公室、在会场、在出差的路上忙碌奔波的人，那个人是他，是你，是我。此刻，我们有一个共同的愿望：祝愿患者早日康复，祝愿战斗在抗疫一线的可亲可爱的人平安归来，期待早日打赢疫情防控阻击战。此刻，我们有一个共同的认识：这场战争没有局外人，没有前线后方，只要还没有取得最后胜利，我们每一个人都是参战者，我们所处的任何一个地方都是战场。我们不用羡慕奔赴武汉、奔赴一线的人，我们也不用都去做惊天动地的英雄，但是我们完全可以为打赢这场阻击战作出自己的贡献，而且必须作出自己的贡献。

我们说每一个人都可以作出贡献，是因为作为“疫中人”，我们只要按照疫情防控的部署和要求，适当调整自己的生活行为，克服暂时的不方便不适应，步调一致共同度疫，共克时艰，我们就是作出了自己的贡献。少出门、不聚集，勤通风、勤洗手，做到这些难吗？应该不算难。但这些不难做到的事情，对打赢疫情防控阻击战，却有重大的意义。大难当头，大局当前，每一个人管好自己，从自己做起，从眼前做起，从不难做的事情做起，从来没有像今天这样重要，像今天这样有意义，像今天这样可以称作“贡献”。

我们说每一个人都必须作出贡献，是因为我们处于战时状态，战时状态对每一个人的要求都是强制性的。是的，不是商量，不是提倡，而是强制。因为任何漫不经心、任何环节的纰漏、任何自我的放纵，都可能给他人、给社会、给整个战役带来无法挽回的影响。疫情防控的关键时期，各地陆续出现聚集性病例，这就好比阵地战中，给敌人留下了进攻的口子，不知会给我们自己带来多大的牺牲。因此，他们受到谴责和处理，理所当然，毫不冤枉。这种必须作出的贡献，你不主动地做，就要被迫地做，就要有代价地做。总而言之，不能不做。特别对广大党员干部来讲，这个贡献，是义务，也是责任。

每个人都可以而且必须作出贡献，首要的一条就是保护自己。这是最起码却也是关键的要求。别以为你长得难看，病毒就不会看上你，如果你自己无心和病毒谈上了“恋爱”，那么你无意又会成为病毒的“红娘”。如果你没被病毒看上，没成为病毒“宿主”，没被传染，你就不会成为传染源，再去传染别人。特殊时期，必须重新审视自己和他人、自己和社会的关系，那个和你保持距离的人，也从来没有像今天这样可亲。专家说得很清楚，保持一米半的距离，就能切断病源。

当然，对我们绝大多数普通人来讲，在保护自己的同时，还可以作出更多的贡献。比如：劝阻家人、同事、朋友等的一些不当的行为；传播正确的科学的防疫知识；如实报告自己的行踪旅迹和接触史；对一些自己一时无法辨别的信息，不轻易转发给别人；对个别别有用心的蛊惑，提高警惕，不信，更不传。总之，多帮忙，不添乱。国家正在经受治理大考，个人也在经历不凡考验。

待到春暖花开、病毒遁迹，疫情防控阻击战取得决定性胜利的时候，我们不能忘记冲在最前线的英雄模范，我们同样不能忘记那个静静站在窗前的人，他也是打赢疫情防控阻击战的贡献者，他是你，是我，是我们每一个人。

本文原载于《学习时报》2020年2月7日

这是一个标志，真正的大考才开始！

在疫情防控阻击战处于最吃劲的关键阶段，2020年2月12日，中央政治局常委会再次召开会议。这次会议应时应势而开，重要性自不必提，内容也十分丰富，信息量很大，值得深入研究，特别值得处于疫情防控一线的各级领导干部细细琢磨品味，领会精神实质，落实到具体的实际工作中去。

这次会议是一个标志，标志着什么呢？标志着我们当前最重要的任务已经从单任务变成双任务，标志着我们最终要取得的胜利已经从打赢疫情防控阻击战变成夺取疫情防控和实现今年经济发展目标任务的双胜利。单胜利不容易，双胜利就更不容易。这给各地疫情防控带来了挑战，也是对地方各级党委、政府领导和治理的挑战。如果说疫情防控是一次大考，那么可以说，真正的考试考验才开始。

对我们党和国家来讲，2020年确实是一个比较特殊的年份，我们要全面完成脱贫攻坚的任务，要实现全面建成小康社会目标，要准备开始一个新的五年规划，要准备迎接中国共产党建党

100周年。这是多么光荣而又艰巨繁重的任务，这是多么让人憧憬却即将可以实现的美好愿景。

没想到的是，新年还未开启，魔鬼就来敲门，且门开得越来越大，新冠病毒从武汉向全国蔓延，一场始料未及的抗疫大战就这样开始了。大战月余，成果很大，损失不小，特别是对经济社会发展的影响不可低估。所以人们又多了一层忧虑，甚至担心今年经济社会发展的目标任务能不能如期完成，如此防控战打下去，要不要适当调低经济社会发展预期。

在这个关键时刻，中央政治局常委会果断提出，坚决打赢疫情防控的人民战争、总体战、阻击战，努力实现今年经济社会发展目标任务。这里面传递的重要信息就是，实现今年目标任务的要求不能变！这样一个要求绝对不是随随便便提出来的，一定是在详细分析、认真评估的基础上提出来的，一定是有坚实的依据作保证的，它体现了我们对打赢疫情防控阻击战的信心和决心，也是我们党对集中统一领导和社会主义制度充满自信的表现。特别需要点到的是，它还隐含了对地方各级党委、政府领导水平和治理能力的肯定和期许。

平心而论，领导干部这个群体在疫情防控战中又当指挥员又当战斗员，很辛苦很不容易，他们和医护工作者、人民子弟兵等队伍一样，是打赢疫情防控阻击战不可或缺的重要甚至决定性力量。但是，一些地方也陆续出现了值得注意的倾向，比如指导思想上抓重点的绝对化，导致具体工作中的极致化，一直片面认为，疫情防控是唯一重要的工作，只要这方面不出事，就是政绩，经济发展、社会生活受点影响是完全可以理解的，即使年终目标任务完不成，也有比较充足的客观的理由。在这样的思想指导下，他们两只手都用上了，但都用在了一点上。

现在不行！

对武汉、湖北之外的一个局部来讲，疫情防控是政绩，经济社会发展也是政绩，但是只有两个战场、两个胜利的胜利才是真正的政绩。就是说，眼前的疫情防控工作做好了，但是年底经济社会发展任务大打折扣，对不起，不能找客观理由，不仅不能肯定，这些地方的干部也不能得到提拔重用。理由很简单，大考算及格，但不是优秀。

党中央提出努力实现2020年经济社会发展目标任务的要求，是最高统帅部的最高命令，归根结底要靠各地方各单位具体落实，如果局部都找客观理由，势必影响整体和全局的目标任务的完成。但是，既然是战场和战斗，最高统帅部也不是光提要求不给保障。这保障主要体现在两个方面：一是政策，这次会议提出很多具体政策要求，国务院积极陆续落实出台，相信很快会发挥作用。一是思路和办法，这是重点，落实好了会发挥更大作用。如果仔细读了中央政治局常委会的新闻通稿就会发现，思路和办法就在其中，比如说统筹兼顾，比如说分类指导，比如说精准施策，等等。就拿统筹兼顾来说，最大的统筹就是统筹疫情防控和经济社会发展。统筹能力是领导干部的基本功，是必备素质，眼下能不能做好统筹，协调好、平衡好两种工作，取得两个战场上的双胜利，是对领导干部的真正考试。

如何才能大考通得过，考出优秀成绩，脱颖而出？这次中央政治局常委会还提出了一个四字要求，值得广大领导干部认真审题，仔细琢磨，这四个字就是勇、智、谋、能，原文是这样说的：既有责任担当之勇、又有科学防控之智，既有统筹兼顾之谋、又有组织实施之能。如果统筹等是"道"上的要求，那么这四个字就是"术"上的指点，就是应对两个战场、取得两个胜利的"锦囊妙计"。不是说要在疫情大考中考察干部、使用干部、提拔干部吗，这四个字倒给我们提供了一个独到的视角。

本文原载于中共中央党校（国家行政学院）公众号2020年2月15日

坚决不能让北京“沦陷”

写下这个题目，自己心里也是一惊：是不是有点危言耸听？转一想，耸不耸听先不管，危言一下应该不会是坏事，全当一种警示或者提示。

全国抗疫进入转折阶段，工作有力开展，效果持续显现，好消息从四面八方不断传来，这时候发这样的警示，是不是不合时宜？但是越是在这样的时刻，越不能放松警惕，一旦出现“管涌”现象，我们此前的所有努力和付出，都将付诸东流，所以只要疫情防控阻击战还没有取得决定性胜利、最后胜利，任何时候都不能有任何懈怠。

特别是北京！

记得全国抗疫大战开始不久，网上有一个全国疫情危险系数城市排名，北京居然排在了武汉前面，全国第一。在全国全世界的目光都聚焦武汉、湖北的时候，北京，从来没有忽视疫情防控。

这不，北京市传来的消息也为“北京还在危急当中”这样的判断提供了有力的论据。2020年2月16日，在北京市新闻发布会上，北京市疾控中心副主任讲了一个案例故事。

一名确诊患者春节前自驾车，与家人一起回老家过年。疫情期间，老家的亲戚们照样聚会。吃吃喝喝在一起很开心，因此有个别亲戚出现了“感冒”症状后，这位患者也没当回事，更不要谈戴口罩。

大年初六，一家人开车回北京。大年初七，这位确诊患者正常上班了。上班几天感觉不错，但刚刚过完正月十五，这名确诊患者就听说在老家一起聚会的亲戚被确诊了。这时候，这名确诊患者才意识到自己最近也有“感冒”症状。到医院一检查，被确诊了。

这名患者回京后没有进行居家隔离观察14天，导致他所在单位的几十人全都作为密接被隔离了，单位的运转受到了严重影响。更痛心的是，这名患者已经“招”上了一名同事，同事的核酸检测呈阳性。事后，这名患者回忆起来自己和这名同事在食堂吃完饭后，两人排队倒餐盘，“当时两个人都没戴口罩”。

感谢这位副主任用讲故事的方式给我们介绍了这个案例。这个案例虽是一个个案，却是一个典型案例。这个故事很有说服力，也很有震撼力。延长假期、社区管控、居家隔离等这些全国通用的措施北京也都在用，但是北京毕竟有近千万人口陆陆续续要从各地回来，这是多么大的风险挑战，也可以想象，带给北京市各级领导的压力有多大。除非每一个人一进北京就先到医院检查，否则就难免有疏漏之处。更何况有一种心照不宣的心理在催动一席人的行程：北京，毕竟医疗条件要好……

诚然，在每天公布的数据当中，无论是确诊病例还是疑似病例，北京都不是最多的，似乎不是最严重的，但北京的情况决不能仅仅用数据来作判断，北京严不严重也不能仅仅用数据作依据，这一点，北京市委、市政府不用任何人提醒。事实上，身处北京的人已经感受到，北京的管控措施是越来越严格、越来越细致、越来越具体。比如，回北京的人需要事先向单位和社区报告，特别提醒到：不是单报告，是双报告；不是回来之后报告，是出发之前就要报告。

在全国的抗疫大战中，北京处于什么位置？有没有想过这个问题？在疫情防控处于胶着对垒状态的关键时刻，作为最高统帅的习近平总书记亲临北京调研指导，作出重要指示。总书记以自己的实际行动告诉我们，北京是抗疫一线，北京是前沿阵地。他还特别对北京谆谆嘱托，北京作为首都，做好疫情防控工作责任重大，决不能有丝毫松懈。要坚决抓好外防输入、内防扩散这两大环节，尽最大可能切断传染源，尽最大可能控制疫情波及范围。

在2020年第4期《求是》杂志刊发的习近平总书记《在中央政治局常委会会议研究应对新型冠状病毒肺炎疫情工作时的讲话》中，他讲道，北京地位特殊，现在离京人员大量返京，疫情防控压力加大。要完善防控措施，加强重点群体管控，减少行走的传染源，减少人群流动和密切接触，坚决控制疫情发展。

北京地位特殊在哪？不用多说。特殊之地特殊时刻要有特殊之举。北京市近日出台的一系列严厉措施，都是将总书记的指示精神落实、落细、落地的重要举措。对这些举措，广大市民要给予充分理解、支持、遵守，陆续返京的人也要充分理解、支持、遵守。特别应该强调的是，中央和国家机关要带好头，党员干部要带好头。特别特别是，北京市委、市政府和各机关单位要带好头。

本文原载于中共中央党校（国家行政学院）公众号2020年2月17日

降魔之手我不松

——致新冠病毒

病毒是魔鬼！

虽然你戴了冠，以为自己加了冕似的，但是你不知道你的样子有多丑。是的，通过放大，通过上色，我记住了你的样子。所有的人，无论男女老少，也无论中国人还是外国人，见了你都像躲瘟疫一样，恨不得躲你十万八千里——对了，你就是瘟疫！

你不光是样子丑，而且还恶！自武汉湖北，你肆虐全国一个多月，夺去了2000多人的生命——他们有的已是耄耋老人，有的还正当青壮年，令成千上万个家庭蒙上阴影。

你不光丑恶，还很狡猾。你深知对我们防控而言，越以为最安全的地方就越会有漏洞，结果你窜到铁桶一样封闭坚固的监狱，一举“拿下”湖北、山东、浙江等地多座“城堡”，着实给我们上了一课。特别是拿下浙江、山东这样的地方，你心里一定更得意。说不定，你现在又盯上了我们防控的哪一根软肋、哪一块短板。

中华大地岂容你魔鬼上蹿下跳，人民生命健康岂容你魔鬼肆意践踏？做好疫情防控工作，直接关系人民生命安全和身体健康，直接关系经济社会大局稳定，也事关我国对外开放。党中央一声令下，一场同时间赛跑、与病魔较量的疫情防控人民战争、总体战、阻击战，打响了。在以习近平同志为核心的党中央坚强领导下，各级党委、政府立即部署，层层布控，筑起坚固防线，广大医务工作者、人民解放军、基层社区工作者直至14亿中国人民全力围剿，奋战月余，你节节败退、败退……

这几天，随着统计数字发生喜人变化，人们的心情渐渐开朗，压抑的情绪也开始释放，希望期盼已久的拐点早日到来。本来，春暖花开就在眼前。疫情的拐点未至，人们心情的拐点似已提前到来。人们多么渴望重新回到正常的工作、生活状态！

越是接近胜利的时候，越容易产生防守上的懈怠。你当然不甘心失败，我们甚至能够感觉到你狡黠的窃喜。但是你高兴得太早了。

2020年2月21日，中央政治局召开会议，一锤定音：全国疫情发展拐点尚未到来！虽然防控工作取得了阶段性成效，系列数字也呈现喜人变化，但是党中央提醒我们，要清醒看到，大家热议、期盼的拐点就是还没有到。湖北省和武汉市防控形势依然复杂，一些地方的疫情发展出现新动向，下降的数字也有掉头向上的可能，多省聚集性病例比例走高，部分周边国家感染人数迅猛增加，等等。在这样的形势面前，党中央要求各级党委和政府要贯彻党中央关于疫情防控各项决策部署，毫不放松抓好疫情防控工作。看到没有，看懂没有，这就向你表达一个明确信号：降魔之手我不松，不达胜利不收兵！

当然我们也不会像前一段那样，把和你作斗争当作唯一的任务。我们现在的打法是，针对不同的区域情况，完善差异化策略和措施。对武汉和湖北来讲，我们要打保卫战，不但不能放松，还要继续加大战胜你的力度，根据需要继续加大医务人员和医用物资支持力度。习近平总书记已多次强调，和你的这场战争，武汉胜则湖北胜，湖北胜则全国胜。这样的战略定位，我们怎能满足阶段性胜利，怎能不战斗到底？总体战、阻击战，归根结底是彻底战！

这次政治局会议指出，要全力做好北京疫情防控工作。别看就这么短短的一句话，分量可不轻。落实好这句话精神，关键在“全力”。北京地位特殊，作为首都，疫情防控工作直接关系党和国家工作大局，关系全国疫情防控全局。我们不会忘记，当年的SARS病毒应该算你的近亲吧，它是在广东被发现，在北京撒泼，从而造成了长时间、大面积的危害。不管今天的你有没有SARS病毒厉害，但当年SARS病毒传播的局面绝不会在北京重现。你可能已经感受到了，北京正在按照党中央“全力”的要求，采取一系列有力措施，坚决不让你祸害首都的企图得逞！

在差异化策略之下，要落实疫情防控重点地区分区分级精准防控策略，建立与疫情防控相适应的经济社会运行秩序。这也是这次中央政治局会议的重要内容和精神。你听到没有，这就是说，在你肆虐不是那么厉害的地方，或者在你败退面积比较大的地方，我们要有序复工复产了，要让人流、物流、资金流都有序转起来。毕竟，我们还要打赢三大攻坚战，全面做好“六稳”工作，继续深化供给侧结构性改革；我们还要努力实现全年发展目标任务，实现决胜全面建成小康社会、决胜脱贫攻坚任务，完成“十三五”规划。当然，有序复工复产，也是为彻底战胜你——新冠病毒——提供物资、技术和更强大力量的支撑。

病毒是魔鬼。你这个魔鬼一天不遁迹，我们的思想就一天不放松，我们的战斗就一天不停止，我们的降魔之手就一天不松。

本文原载于《学习时报》2020年2月24日

时刻准备：打响国境保卫战

今早一睁眼，来自海外的一组消息让人心里发揪，随手给青岛市委书记王清宪发了一条微信，提醒他注意防范韩国等邻国的疫情输入，因为山东特别是青岛与韩国的投资合作、交流交往太密切了。

手指点下之后，又猛觉释然，如此动向，这位老同学肯定用不着我提醒。

果不其然，清宪马上发来了一条当地媒体的消息：在2月24日下午举行的青岛市新冠肺炎疫情防控指挥部第32次工作例会上，山东省委常委、青岛市委书记、市新冠肺炎疫情防控指挥部总指挥王清宪再次强调，要在全面做好社区防控的同时，严防境外疫情输入，强化风险评估和口岸检疫，严格落实来青人员信息登记、体温检测和隔离留观等管控措施，主动做好外籍人员沟通解释和服务保障工作，坚决防止疫情输入扩散。报道还详细提到了青岛市采取的有针对性的措施。

从报道中的“再次”，可见青岛的超前防范意识。

“外防输入、内防扩散”是我们打赢疫情防控阻击战的重要方针，现在看来这个“外”的内涵应有所变化，防境外国外输入应该提上议事日程了。

一段时间以来，在党中央的领导和指挥下，我们举全国之力全力以赴抗击新冠疫情，武汉、湖北的保卫战也仍在继续当中，但是无疑我们已经取得了阶段性胜利，全国各地零报告越来越多，我们正按照习近平总书记的要求，毫不放松打赢疫情防控阻击战，统筹抓好疫情防控和经济社会发展各项工作。

在渐渐高兴和欣慰的同时，另一种担心正在冉冉升起。地球是个村，大家都是这个村里的村民。在疫情开始暴发的时候，我们就提出来了，就警告了，新冠病毒，不光是中国人的敌人，也是人类的敌人。抗击疫情，也不光是中国一国的事，而是全世界的事，所以，中国抗疫也是对全人类和全世界的贡献。我们希望世界各国共同携手，一起度过这场危机，所以对那些支持我们抗疫的国家和国际组织，我们心存感激、念念不忘。但是，我们的呼吁，世界真的听懂了吗？一些国家听进去了吗？我们只能一边全力抗疫，一边默默祈祷，但愿我们的担心是多余的。

我们的担心绝不是今天一早才有的，从钻石号豪华邮轮停靠日本港口的时候这种担心就有了。这是一艘多么豪华的轮船啊！可是每天看到她的画面，就感觉是一个庞大的潘多拉盒子，哪一天突然打开，魔鬼就从里面蹿出来了，更多的国家更多的人就会遭殃。日本和我们有世仇，但这次中国抗疫，日本从政府到民间表现都不错，一句“山川异域，风月同天”让无数中国人读起来鼻子酸酸的，所以我们对钻石号的关注和担心就又多了一份别样的情愫。

真是不幸！看来我们的担心不是多余的，而是正在一步步变成现实。韩国、日本等正在重复当初武汉、湖北的情形，不，是比武汉、湖北还要严重的情况。看看从近邻韩国、从远邦意大利传来的消息真是让人坐不住。全球资本市场是那根最敏感的神经，昨天夜里快崩了。

我们的担心还体现在更深层面上。如果更多的国家出现武汉、湖北那样的情况，这些国家会怎么样？世界会什么样？他们有一个强有力的核心来统帅全国一盘棋吗？他们有一个有无比优势的制度来集中一切力量干大事吗？他们有一支危难时刻奋勇向前、敢战敢拼敢死的人民军队吗？他们有不计其数冲锋在前的共产党员、领导干部吗？他们有那么多舍小家为大家、舍己救人的白衣战士吗？特别是，他们有一个国家的像中国人这样的人民吗？

再深刻的担心也只在情感深处。我们中国人的担心绝不仅仅是动感情，还有行动，在我们抗疫最紧张的时刻，我们就已经向邻国伸出援手，尽我们所能予以支持。习近平总书记2月23日已经明确表示，公共卫生安全是人类面临的共同挑战，需要各国携手应对，要继续同世卫组织保持良好沟通，同有关国家分享防疫经验，加强抗病毒药物及疫苗研发国际合作，向其他出现疫情扩散的国家和地区提供力所能及的援助，体现负责任大国担当。中国人是说话算数的，是说到做到的。

我们说，这次疫情是对我们国家的一次大考。现在看来，何止是对我们，也是对人类、对全世界、对所有国家的一次大考。要回答好这次大考，要交出合格答卷，并不都是轻而易举的，但是，复习题我们早就出好了，关键是要复习好、理解好、准备好。这道复习题就是人类命运共同体理念。

我们绝不搞制度输出，不搞模式输出，习近平总书记说了，我们可以同有关国家分享防疫经验，我们毕竟早一步打响了疫情阻击战，并且取得了阶段性胜利，经验肯定是有的。至于具体能学到什么，建议可以参考一下中国—世界卫生组织新冠肺炎联合专家考察组24日在京新闻发布会上外方专家的一番话。

中国的抗疫处于最吃劲的关键时刻，全国上下正按照习近平总书记指示，高度警惕麻痹思想、厌战情绪、侥幸心理、松劲心态，坚定必胜信念，咬紧牙关，继续毫不放松抓紧抓实抓细各项防控工作，不获全胜决不轻言成功。同时，我们也要密切关注境外疫情发展态势，绷紧另外一根"外防输入"的弦，时刻准备，打响国境保卫战！

现在，首先必须在思想上打响国境保卫战！

本文原载于《学习时报》公众号2020年2月25日

欢迎从湖北回北京

2020年2月25日一早，收到原单位一位同事的微信，她欣喜地告诉我，湖北各地已经解封，第一批人员今天下午就可以返回北京了，不过武汉的还要再耐心等一段时间，但也总算希望在眼前了。同时她还发来武汉樱花盛开的照片。可以想象这位同事的心情，也可以想象，湖北和武汉人的心情。

我的这位原同事，春节回武汉看老人，前脚进城后脚封城，怎么也没想到这一封就是足足两个月。后来，作为中央单位的在武汉人员，她做了志愿者，终于可以出门。这时候，城里的樱花等各种花都开始开放，志愿服务之余，她每次都要用手机拍一些，发到朋友圈，告诉关心她的朋友，武汉春天的信息。

我随手给她回了一句：欢迎回北京！我想，这样一句简单的回复，一定是反映了那些还在武汉、在湖北的北京人的心情，表达了他们的心声。

果然，在今天下午的新闻发布会上，北京市政府发言人通报，有两列湖北开来的列车到达北京，大约有800名北京人回来了，他们将严格按照程序和要求隔离后，上班复工。紧接着，还会有更多的人陆续返京，更多的人会从湖北省各地奔向祖国的四面八方。他们希望尽快恢复到从前的工作、生活状态。

但是也有一些令人不安的消息隐隐传来，曾经高喊武汉加油、湖北加油的一些人，面对从湖北、从武汉来的人心里多了一分担忧和排斥，甚至公然表现在言行上。这实在不应该。

谁都不会否认，为全国打赢疫情防控阻击战，武汉和湖北人民作出了巨大贡献和牺牲。这两个月时间里，不身在其中，是很难设身处地体会到的。习近平总书记充满感情地说：“武汉不愧为英雄的城市，武汉人民不愧为英雄的人民。”“全党全国各族人民都为你们而感动、而赞叹！党和人民感谢武汉人民！”如今日思夜想的时刻即将到来，英雄人民或者回到各地各自单位工作，或者奔赴他乡打工赚钱，我们虽不至于像英雄一样热烈欢迎，但至少要善待他们、关爱他们，最起码，不要歧视他们。

不是吗？他们陆续回来了，就是我们的同事回来了，就是我们的正常的工作状态回来了，就是我们的平常日子回来了。这样的正常与平常，失去了一段时间之后，才觉得，是多么可贵，多么值得珍惜！

这样想来，我的一句简单的回复，就具有了不简单的意义。我不能代表北京，但我想至少代表了北京一部分人的真实心声：

欢迎从湖北回北京！

本文原载于《学习时报》公众号2020年3月25日

深刻理解和把握“动态清零”这个总方针

在我们党的语境中，路线、方针、政策等词语，既有各自特定的政治内涵，同时又显示出一定的层次表征。按照《现代汉语词典》的解释，路线是指思想上、政治上或工作上所遵循的根本途径或基本准则；方针是指为发展某项事业制定的指导原则；政策是指为实现一定历史时期的路线而制定的行动准则。无论是路线还是方针、政策，既已做出，全党就必须严格遵循，坚决执行。如果再在前面加上一个“总”字，则更突出其战略性、整体性和重要性。

2021年12月7日，国务院联防联控机制召开电视电话会议，中共中央政治局委员、国务院副总理孙春兰出席会议并讲话。她强调，习近平总书记亲自指挥部署疫情防控工作，确定了“外防输入、内防反弹”总策略、“动态清零”总方针，我国防控以最小成本取得了最大成效，有力保障了群众生命健康和经济社会发展。自此，“动态清零”明确成为我国疫情防控的大方向和总原则。

作为总方针，"动态清零"绝不是随随便便提出来的，它是我国打赢疫情防控阻击战、特别是疫情防控常态化以来两年多防疫经验的总结，也即是说，疫情防控开始后，我们虽然没有明确提出"动态清零"总方针，但是实际上我们一直是按照这一原则来做的。实践证明，这一总方针是有效的，这种有效性是任何人也否定不了的：当世界其他地方新冠肺炎确诊人数和死亡人数持续攀升时，中国最大程度保护了人民生命安全和身体健康，更为经济社会发展提供了坚实基础。

正因为此，随着近期全国本土聚集性疫情点多、面广、频发，相关建议时有出现时，党中央旗帜鲜明，一锤定音：坚持科学精准、"动态清零"不动摇！2022年3月17日召开的中央政治局常委会新闻通稿虽然不长，但主题重大，方向明确，内涵深刻，释放一以贯之、坚定不移信号，是我们做好疫情防控工作的根本遵循、行动指南。

深刻理解和把握"动态清零"这个总方针，首先要深刻领悟习近平总书记指示精神。各级领导干部要不断提高政治领悟力，深入学习习近平总书记疫情防控以来一系列重要讲话、批示指示精神，紧紧抓住贯穿其中的一条红线，就是坚持"人民至上、生命至上"，深刻感悟习近平总书记"宁可十防九空，绝不可失防万一""为了保护人民生命安全，我们什么都可以豁得出来"的至深至诚人民情怀，在政治上真正坚持以人民为中心，在感情上真正把人民放在心中最高位置。这是向习近平总书记看齐、以习近平总书记重要指示对标对表、同以习近平同志为核心的党中央保持高度一致的思想基础。

深刻理解和把握“动态清零”这个总方针，关键是要把行动统一到党中央决策部署上来，既要按照习近平总书记指示精神校正思想和认识偏差，也要按照党中央决策部署校准行动偏差。把“外防输入、内防反弹”总策略、“动态清零”总方针落实落细，就要守土有责，守土尽责；尽快遏制疫情扩散蔓延势头，就要敢于担当，勇于作为；努力用最小的代价实现最大的防控效果，就要科学准确，统筹施策，不断提高防疫本领；保持我国经济发展和疫情防控全球领先地位，就要克服麻痹思想、厌战情绪、侥幸心理、松劲心态……

深刻理解和把握“动态清零”这个总方针，最重要的在于坚持，坚持就是胜利。两年多来，各级领导干部、广大人民群众在疫情防控中付出了很多、牺牲了很多，正因为如此，我们才不能允许我们的防疫功亏一篑。不用多说的是，“动态清零”的防疫成果是我们大家所共有和共享的，因此，也需要我们大家共同坚守。现代京剧《沙家浜》有一场戏，伤病缠身、缺医少药、补给中断、18位伤员处于极其艰难的困苦之中，指导员郭建光引用一句话来激励大家：往往有这种情形，有利的情况和主动的恢复，产生于“再坚持一下”的努力之中。这句话是谁说的呢？正是毛泽东同志。在抗日战争初期，面对最强大的敌人和最困难的时刻，毛泽东用这句话来鼓舞全国人民的抗日斗志。正是靠这种坚持，我们最后赢得了抗日战争的胜利。新冠肺炎疫情暴发以来，我们保持战略定力，坚持稳中求进，取得了疫情防控和经济社会发展的重大成果。“再坚持一下”，我们就一定能赢得最后的全面胜利。

本文原载于《学习时报》2022年4月6日

破除对立思维

最近网上网下都在讨论经济形势，有人提出保经济已到了刻不容缓的地步。的确，从当下的经济数据来看，经济不仅是“稳”的问题了，确实到了要“保”的程度。以解决问题为方向的讨论甚至争论是好事，但是我们也应该注意讨论中的一种倾向，就是把稳住经济和防住疫情完全对立起来的一种对立思维。这种思维非此即彼，有你(我)没我(你)，不可调和，完全对立。这种思维下的讨论持续下去，既无助于问题解决，也不利于凝聚人心。

那么，如何理解疫情防控和发展经济之间的关系呢？分析问题我们还是要回到党中央的重大判断和部署上来。2022年4月29日召开的中央政治局会议主要议题是分析研究当前经济形势和经济工作。会议强调，疫情要防住、经济要稳住、发展要安全，这是党中央的明确要求。这话的意思已经再明白不过了，这“三个要”都是我们要“要”的，特别是前两个“要”，虽然在文句上有先后，但完全是一种并列的关系，怎么也读不出来“要防住疫情，就必然牺牲经济；要稳住经济，就得放松疫情防控”这样的意思。如果陷入对立思维当中，无疑是对中央大政方针的曲解。实际上，党中央的重大判断和大政方针是我们讨论问题的前提，而不是可以作为问题本身来进行讨论的。

事实上，我们稍微往前回顾一下就会发现，在对待疫情防控和经济社会发展问题上，党中央的方针一开始就是十分明确的，一直以来也是一以贯之的。自新冠肺炎疫情暴发以来，有关疫情防控的中央历次会议都反复强调：要统筹推进疫情防控和经济社会发展，努力用最小的代价实现最大的防控效果，最大限度减少疫情对经济社会发展的影响；既不能对不同地区采取“一刀切”的做法、阻碍经济社会秩序恢复，又不能放松防控、导致前功尽弃；等等。两年多来，在以习近平同志为核心的党中央领航掌舵下，我们虽然艰难但成功走出了一条疫情防控和经济社会发展的辩证之路，不仅确保了广大人民群众的生命安全，而且如期打赢脱贫攻坚战、全面建成小康社会、实现“十四五”平稳开局……

2022年以来，特别是3月份以来，疫情防控出现新的变化，防控措施面临挑战，统筹难度也在加大，舆论场的两种观点界线越来越明显，对立思维在争议中开始强化。事实上对立思维不仅体现在舆论场，也体现在具体工作中。我与一位地方领导交谈，他脱口而出：既要这又要那，也做不到啊。这话应该代表了不少领导干部的真实想法。我们的工作处于越来越多的两难甚至多难选择当中，处于越来越严格的双目标甚至多目标同时实现当中，这一局面恐怕是今后相当时期的一个常态，对此我们应有充分的准备。即使疫情防控的挑战没有了，其他的想到或想不到的挑战也会出现。这对我们的领导能力和水平提出了更高的要求，也对各级领导干部理解把握、贯彻落实党中央重大决策部署的能力和水平提出了更高的要求。不仅“太平官”不好当了、太平日子过不下去了，而且还可能出现干活可以出活、但也可能成为“合成谬误”一部分的情况。要像习惯于在监督常态下工作一样，习惯于在两难甚至多难选择下工作、在双目标甚至多目标同时实现的要求下工作，这就要求我们从思想观念到思想方式来一次革新和重塑，首先完成“脑袋里的革命”。

要用系统思维代替对立思维。系统观念是具有基础性的思想方法和工作方法。系统思维要求，在认识事物、考虑问题的时候，要把对象的相互联系的各个方面及其相互影响、相互作用都考虑在内，既要见森林，也要见树木，还要见树木与树木之间的联系。系统内的各个部分，我们不可能喜欢哪个，就把它单独拿出来，不喜欢的就视而不见。同时，系统的构成部分是变化的，会有新的要素加入进来，甚至成为影响系统的主要因素，这时候我们就要把它作为系统的一部分来看待，不能排斥它。领导干部有了系统思维，才能在系统与环境、系统内各部分相互联系、相互作用的动态过程中认识事物、把握趋势、做好工作。

系统思维主要还是认识层面的，是解决“脑袋里的革命”，那么在工作层面“手头上的革命”问题怎么解决呢？实践证明，统筹是一个重要方法。统筹要求对系统内各部分都要兼顾，不能倚轻倚重、厚此薄彼。新冠肺炎疫情暴发以来，党中央一直强调要统筹疫情防控和经济社会发展，还召开了由县团级以上干部17万人参加的电视电话会议进行部署。2022年4月29日的中央政治局会议再次强调，要根据病毒变异和传播的新特点，高效统筹疫情防控和经济社会发展，以实现疫情要防住、经济要稳住、发展要安全的要求。在原有强调“统筹”的基础上，又加上了“高效”两个字，可见我们要统筹的形势多么紧迫、我们需要统筹效果的心情多么迫切。

当下，全社会的注意力和智慧都应该放在“高效统筹”上，以“高效统筹”凝聚共识，围绕“高效统筹”献计献策。无论是经济学家还是医疗卫生专家，无论是企业家还是各级领导干部，以此为方向，心往一处想，出好主意，出大主意，出切实可行的主意；劲往一处使，以“时时放心不下”的责任感，不惜力，齐上阵，人人都贡献一份应尽的力量。

本文原载于《学习时报》公众号2022年5月24日

让汉语更多地“进入”英语

知而不知

我从事新闻宣传工作（习近平总书记“2·19”重要讲话之后，应叫新闻舆论工作）已过30年，按照中国记协的规定，已算老新闻工作者了。老子说，不行而知，不见而名，不为而成。孔子说，知而不行，是不知也。而我的体会是：知而不知。

举三个例子。每10年一个。先说第一个：

1993年，我去湖北襄樊（现改襄阳）市采访，偶尔听说湖北河南交界、两省两个孟楼的故事，于是改变行程前往。经过深入采访，写成《从孟楼到孟楼》发表，反响出乎意料，两省主要领导均率队调研，出台给力政策，一边比一边的力度大，两个孟楼成为两省对外开放发展的窗口。受益的两镇人民修一条路，命名“宝健路”。当时的新闻界权威杂志《中国记者》《新闻战线》等都给予了报道，随后几所大学的新闻系也将《从孟楼到孟楼》收入教材。

第二个例子：

2000年，我在原单位策划召开一个论坛，邀请全国60个县的县委书记、县长参加。同时还提出，建议中央领导同志邀请与会代表到中南海座谈。当时很多人都给我表达了同一个意思：不可能！但是主要领导同意试。结果，中央领导不仅邀请大家到中南海座谈，还亲自主持座谈会，最后还发表了长篇讲话。那一次的座谈，对县域改革和县域经济的发展，产生了重大影响。

第三个例子：

2011年，中国共产党成立90周年，各新闻单位绞尽脑汁，力求出特出彩。我们结合当时的县域报特色，推出了“追寻新中国第一任县委书记”大型主题采访活动，组成采访小分队，克服重重困难，大江南北地苦苦寻访至今仍健在的新中国第一任县委书记。有的县委书记听说记者来意，老泪横流。有的县委书记只能躺在床上，用笔和记者交流。有的县委书记的亲属在记者离开多日后，仍打电话提供新的素材。参与的记者深受震动。这套报道在中央新闻单位海量报道中脱颖而出，受到中宣部的肯定。6月24日，中央电视台新闻联播给予重点推出。

第一个例子让我思考自己的角色和职责。知道自己是什么很重要，知道自己不是什么更重要，这是知而不知的第一层意思。30年来，尽管前前后后也出了十几本书，尽管也有好心的朋友劝我多做点专业的研究，但自己心里清楚，自己的本职、本色就是新闻人、媒体人，即使有兴趣做一些研究，也变不成教授、专家。

第二个例子给了我这样的体会，就是可以把眼界和目标定到跳起来可以看得见摸得着的地方。知道自己能做什么很重要，知道自己能做到什么程度更重要。而这个“程度”，具有某种不确定性。这是知而不知的第二层意思。现在，很多人埋怨自己的环境不好，条件不够，做不成事，不想做事。其实，给定的环境和条件，我们是不是已经用足用够了？与其把时间和精力浪费在不可更改的事情上面，还不如跳起来看一看，看看是不是可以看得更远一点，跳起来摸一摸，看看是不是可以摸得更高一点。而你脑袋和思想的上面，空间还大着呢！

第三个例子让我体会到，小草也有自己的风景。知道自己能做成什么很重要，知道自己能做得和别人不一样更重要。这是知而不知的第三个意思。其实这个意思也包含着，有时候别人做的你不能做，做了也没有任何意义，性价比低到可以忽略不计。如果不知道这一点，你做的事情也好，做的学问也好，价值就只能和一棵白菜相比。

登小山，飘飘然。登大山，茫茫然。登深山，惶惶然。知而不知，知然也。

本文原载于《学习时报》2016年3月21日

信心　民心　人心　同心

归根结底，宣传思想工作的对象是人，是做人的工作，失去了具体的、活生生的人，宣传思想工作就失去了着力点和落脚点；人的问题，既有实际问题，也有思想问题，有时候思想问题比实际问题还难解决。在全国宣传思想工作会议上，习近平总书记鲜明指出，我们“既要解决实际问题，又要解决思想问题”。

那么，解决思想问题乃至解决实际问题，工作往哪里做？功夫往哪里下？无疑，应往心上做，应往心上下。一个人想什么、做什么，皆由心生、皆自心始。从心入手，抓住人心，就是抓住了宣传思想工作的根本。

毛泽东同志说过：“人心就是力量。”习近平总书记强调：“人心是最大的力量。”在这次宣传思想工作会议上，他进一步强调要更好“强信心、聚民心、暖人心、筑同心”。

先说强信心。信心不光是要有，关键是强。强是一个形容词，也是一个动词，就是不断增强信心。当今世界，如果说自信，没有哪一个国家、哪一个政党、哪一个民族能像中国、中国共产党和中华民族这样有理由自信。我们的自信既是对道路、理论、制度、文化的信心，也是对党、人民、核心和领袖的信心；既来自五千年文明史、97年党的奋斗历史、69年新中国建设史，也来自40年改革开放史，来自十八大以来所取得的历史性成就、发生的历史性变革，来自中国梦、中华民族伟大复兴的光明前景。仅就宣传思想工作而言，5年来，在党中央的坚强领导下，从根本上扭转了意识形态领域一度出现的被动局面，全党全社会思想上的团结统一更加巩固。当然，各方面各领域还存在一些困难，面临新的挑战，人民群众还有迫切需要解决的实际问题和思想问题，宣传思想工作必须把统一思想、凝聚力量作为中心环节，在坚定信心、鼓舞斗志上下更大功夫，把“强”的要求落到实处，让“强”的效果进一步显现出来。

再说聚民心。民心是最大的政治。聚民心的工作要从政治高度来认识，也要从政治效果上来衡量。无论是思想理论、新闻舆论，还是影视文艺，都必须把政治效果和社会效益放在首位，不能被市场“绑架”，被金钱“异化”，被娱乐“致死”。要敬畏民心、回应民心、顺应民心，才能凝聚民心。民心不能失，也不能散。聚的方向就是朝着党中央确定的宏伟目标团结一心向前进；聚的目的就是把全党全国人民士气鼓舞起来、精神振奋起来；聚的方式和手段，就是坚持正确舆论导向，唱响主旋律，壮大正能量，做大做强主流思想舆论。

接着说暖人心。人心冷暖关乎天下得失。习近平总书记在全国宣传思想工作会议上提出“暖人心”的要求，这本身就很“暖人心”。这平平常常的三个字意味深长、意蕴深远，值得宣传思想文化战线每一个人体会、牢记并躬身践行。强信心也好、聚民心也好，如果没有暖人心做基础，就会事倍功半。一切形式的作品，只有拨动人心敏感之弦，才能让人心生暖意，才能激发阳光与向上的情愫，从正面和积极的方向影响社会，激励他人。暖人心首先是正能量。负能量的东西只能让人心寒。一些以所谓揭阴暗来取悦市场、取悦洋人的作品不受欢迎，原因就在这里。暖人心还要是真感情，体现对党、国家、民族、人民的真感情。只有真感情才是美好的，虚情假意只能创作和生产出低俗庸俗媚俗的作品。

最后说筑同心。筑同心就是做大同心圆。所谓同心圆，就是圆心相同而半径不同的圆，半径越长圆就越大。筑同心的目的，就是要不断提升中华文化影响力，把优秀传统文化的精神标识提炼出来、展示出来，把优秀传统文化中具有当代价值、世界意义的文化精髓提炼出来、展示出来。筑同心，讲故事是一种好形式、好办法，要以习近平新时代中国特色社会主义思想为主题，讲好三大故事。一是中国共产党治国理政的故事，二是中国人民奋斗圆梦的故事，三是中国坚持和平发展合作共赢的故事。

进一步做好强信心、聚民心、暖人心、筑同心的工作，就是在关键处、要害处下功夫。这个功夫下到了、下足了，社会主义意识形态的凝聚力和引领力就会不断增强，宣传思想工作举旗帜、聚民心、育新人、兴文化、展形象的使命任务就会完成得更好。

本文原载于《学习时报》2018年8月27日

脚力　眼力　脑力　笔力

我从事新闻工作30多年，经历报纸从检铅字到照排全过程。用剪刀剪报刊积累资料的时代永远过去了。现在你要写报道写文章，点开电脑，输入关键词，相关资料、观点乃至行文模板应有尽有。这就带来一种担心和疑问：新闻工作者乃至宣传工作者的能力是不是在下降了？习近平总书记敏锐地发现了这个问题，对新闻工作者明确提出了“四力”的要求。他指出，好的新闻报道要靠好的作风文风来完成，靠好的脚力、眼力、脑力、笔力得来。

在全国宣传思想工作会议上，习近平总书记把“四力”的要求扩大到整个宣传思想战线：宣传思想干部要不断掌握新知识、熟悉新领域、开拓新视野，增加本领能力，加强调查研究，不断增强脚力、眼力、脑力、笔力，努力打造一支政治过硬、本领高强、求实创新、能打胜仗的宣传思想工作队伍。

这种要求是非常必要和及时的。这次会议确立了宣传思想战线举旗帜、聚民心、育新人、兴文化、展形象的使命任务，提出建设具有强大凝聚力和引领力的社会主义意识形态，是全党特别是宣传思想战线必须担负起的一个战略任务。使命光荣、任务艰巨，宣传战线同志在殷殷期待下，深感责任重大，也深刻认识到，没有硬功夫、真本事是不行的，没有几把刷子是不行的。必须按照总书记的要求，在练好“四力”上下功夫。

首先是练脚力。脚是用来走路的，有路就有方向。宣传思想工作者要不停步，在路上心里才有时代；要往基层去，到基层心里才有群众；要在现场，在现场心里才有感动。在路上才能有底气，到基层才能找到好课堂，在现场才能查实情、动真情。脚是用来站立的，站在那就是有立场。宣传思想工作既是专业性很强的工作，又是政治性很强的工作，最根本的是要讲政治立场，就是要始终站在党的立场上，始终与以习近平同志为核心的党中央保持高度一致。不仅要站住，而且要站稳，就是要保持政治定力，在任何时候任何情况下，都不做两面派、墙头草。

其次是练眼力。眼力就是观察力、发现力，眼力的背后是判断力、辨别力。宣传思想工作者的眼力不是站在城头看风景，而是看的火热实践、斗争风云、国家大局、世界大势。练眼力的目的就是要知你我，辨是非，分真假，断美丑。俗话说，心明才能眼亮，殊不知，眼亮也才能心明。练眼力就是要练到任你乱云飞渡，我仍火眼金睛。《西游记》中为什么孙悟空一眼就能看出谁是好人、谁是祸害人的妖精，而猪八戒甚至唐僧都看不出？就是因为孙悟空被太上老君投入炼丹炉七七四十九天炼出来的。可见眼力不是视力，不是天生的。

再次是练脑力。大脑是思考的器官，脑力就是想的能力、思考的能力。宣传思想工作者的想，是主观意志下能动的思考，是有目的的思考，是为了完成使命和任务的思考。延安时期，毛泽东为《新中华报》题词，只有两个字：多想。报社将题词制成匾额，挂在编辑部窑洞最显眼的位置。毛泽东为什么要求新闻工作者"多想"而不是其他？这是因为很多事情不多想想不清楚，不多想想不透彻，不多想想不全面。这么多年过去，毛泽东的要求仍然具有很强的现实针对性。我们在一些问题上失之浮浅、失于片面，就是因为没有练强脑力，没有多想，而是一想就脱口，一想就落笔。

最后是练笔力。古人对笔力多有论述，但大多着眼于书写和文章的气势。习近平总书记所要求的笔力，其含义要远比这广泛而深刻得多。宣传思想工作者手中最重要的武器就是笔（当然是广义的），练脚力、练眼力、练脑力，最后都要通过笔力来体现。笔力，看起来是一个语言艺术，本质上是个文风问题。文风改到位了，笔下自有千斤力。笔力来自真实，也来自平实；来自真情，也来自鲜活。宣传思想工作者讲也好、写也好、演也好，都要严守真、平、情、活的准则，不虚不假，不冒不夸，不空不泛，不乏不钝，如此，宣传思想工作才能更有凝聚力、引领力、感召力和穿透力。

推动宣传思想工作强起来，首先要宣传思想工作队伍强起来。宣传思想工作队伍强起来，首先要在增强“四力”上下功夫。广大宣传思想工作者要有使命感和紧迫感，扎扎实实练内功，扎扎实实强“四力”。

本文原载于《学习时报》2018年8月29日

真学　真懂　真信　真用

全国宣传思想工作会议确定了新形势下宣传思想工作的使命任务，就是举旗帜、聚民心、育新人、兴文化、展形象。同时强调，要完成这一使命任务，必须以习近平新时代中国特色社会主义思想和党的十九大精神为指导，增强“四个意识”，坚定“四个自信”，特别是要在学懂弄通做实习近平新时代中国特色社会主义思想上下功夫。

强调在关键处、要害处上下功夫，就是强调在学懂弄通做实习近平新时代中国特色社会主义思想上下功夫。学习宣传、贯彻落实习近平新时代中国特色社会主义思想始终是宣传思想战线的首要政治任务。为把学习和贯彻引向深入，有必要在真学、真懂、真信、真用上来一次省思、来一次自我检查。

看看是不是真学。首先从认识上看，就是要明白学习的初衷、学习的意义，认识到习近平新时代中国特色社会主义思想是马克思主义中国化的最新成果、当代中国的马克思主义，是我们实现中华民族伟大复兴中国梦、建设社会主义现代化强国的科学指南。从方法上看，就是要全面学习，重点把握。习近平新时代中国特色社会主义思想博大精深，学习中应在把握精神实质、精髓要义的基础上，重点学习全局性、大势性论述，重点学习与自己工作业务相关的论述，在全面中把握重点。从态度上看，真学就是真心学习。是不是真心地学，体现政治态度。对习近平新时代中国特色社会主义思想的学习，不是一般的学习，是党员领导干部生命中必需的政治能量。从过程看，很简单，是不是真学，就看你是不是舍得拿出时间、拿出精力来学。一个人的时间和精力是有限的，如果连时间和精力都不舍得用，怎么能说是真学、是真心学呢?

看看是不是真懂。懂是学的结果，更是学的收获。所谓真懂就不是假懂，更不是装懂。真懂不仅是懂字面、懂文义，更是懂旨趣、懂精神。真懂首先要懂得准确，准确理解是第一要求。如果望文生义，或者以我为主，强加其义，不仅无利，而且有害。真懂还要懂得全面，全面理解是第一前提。如果把某一处或某一句论述当作全部而不计其余，要么是以偏概全，要么是为我所用。真懂更要懂得深刻，深刻理解是第一境界。伟大思想往往语言平实，言简意赅，但也往往平实中见真情，简言中见深刻。承载思想的文字拥有巨大的力量，可以连接历史，贯通未来；文字形成的思想如炬，既可点燃心火，也可光照世界。要理解得准确、全面、深刻，必须把学与思结合起来，学而思；把学与悟结合起来，学思顿悟。

看看是不是真信。学习不仅要入眼入耳，更要入脑入心，就是要在灵魂深处敲响鼓，在思想深处起共鸣。真信是内化为心性、外化为言行的统一，是真学、真懂的学习收获，也是在真学、真懂基础上形成的思想收获。真信是一种传输，也是一种转化，就是把伟大思想的力量变成自己内心的力量，这种思想的内心的力量鼓舞着你去干事创业，去作为担当，去奋斗，去奉献。从政治高度讲的真信，体现的是政治信仰。

看看是不是真用。学以致用，用是学的目的。不用还学什么？无用之学是清流，无用之言是空谈，学而不用等于不学。关键是真用，真用才能有真效，而真效肯定不能满足于上下一般粗的传达上，不能满足于不过夜的体会上，不能满足于第一时间的汇报上，不能满足于拔高式的表态上。检验是不是真用，从自身来讲，就是看从修养到本领有没有提高；从工作来看，就是在“三大攻坚战”中有没有真成效，在改革发展稳定上有没有新进展。从某种意义上讲，真学、真懂、真信都是为真用准备的，只有真用，伟大思想理论才能变成活生生的实践，才能变成改造世界、推动历史的力量。

伟大思想理论是一个不断丰富、不断发展的科学体系，真学、真懂、真信、真用是践行伟大思想的辩证统一的过程。真学体现政治态度，真懂体现政治觉悟，真信体现政治信仰，真用体现政治担当。宣传思想工作者担负着重大使命任务，必须在真学、真懂、真信、真用上下功夫，走在前，作表率。

本文原载于《学习时报》2018年8月31日

舆论雪后打滑现象值得研究

冬天在北方特别是在东北开车，要特别警惕雪后打滑。我早年在哈尔滨生活过一段时间，冬天经常看到满载乘客的大公共汽车原地打滑或者平行着滑向路边。前几天北京连降大雪，某环路就曾因路滑导致事故而一度实行交通管制。雪天开车如何防止打滑？有点经验的司机都知道，一是慢慢开，不能太快；一是不能急刹车，保持车与路的摩擦度。打滑有危险，如果仅是原地打滑还好，要是偏离了正常轨道的打滑，不仅会给车上的人带来危险，也会给其他车辆和行人带来危害。

中国特色社会主义道路绝不是宽阔笔直的，我们在行进的过程中也不会一帆风顺、两眼芬芳，总是会不期遇到疾风骤雨、冰天雪地。这不，眼下的中国就面临这样一个境地。从某种意义上讲，我们已处于战时紧急状态，在应对新冠肺炎疫情的战场上，我们每一个人都是无处可逃的战士，很多人在思想上已经做足了准备，也以各种实际行动表达着支持和声援。但是我们身处的不止一个战场，既要全力以赴应对疫情的战场，也不能丝毫放松应对舆情的战场。在应对舆情的战场上，每一个人同样也无处可逃，也不是局外人。宅在家里，拿个手机，你就是舆论大军中的一员，发什么、转什么、传什么，决定着你是战士、是绅士还是隐士，是强了信心、暖了人心、聚了民心，还是泄了气、弱了势，无意当中帮了倒忙。我们要打赢疫情防控阻击战，同时也必须高度警惕、重视舆论场上的新动向，防止舆论特别是网络舆论出现雪后打滑现象。

2月6日夜晚，网络舆论明显出现了雪后打滑现象。巧的是，那晚也确是一个雪夜，很多人经历了一个不眠之夜，大家在共同为武汉一位医生守夜，期待他能够以坚强意志挺过艰难时刻。相信在那夜之前，他的名字对很多人来说都很陌生，却在一夜之间迅速刷屏。同样相信在那夜之前，很多人不了解“吹哨人”这个词的来历和含义，此时却在你我他的手指点击下，顷刻火遍全网。这是极其少有的现象，也是网络舆情下有代表性的现象。本来，面对突如其来的疫情，面对一些病患的困境，特别是面对疫情前后一些官僚主义、形式主义的作为，人们有意见、有情绪甚至表达愤怒，都是完全可以理解的，但是渐渐地，有人突然发现，大家坐在了一辆雪后打滑的公共汽车里面，而车子在不受控制地滑向一个未知的方向。天还没亮，一些人开始清醒，理性的声音开始出现。这次的雪后打滑现象首先提醒我们，即使在当前特殊情况下，物理世界里分散在各自角落的人们，其实都可以立马聚集到一个共同的舆论场中。一次舆论雪后打滑，一个人的不能承受之轻，同时给我们提出了一个值得研究和回答的有价值的课题。

恰巧，看到一篇研究互联网舆论的文章，作者在谈到互联网舆论传播特点时用了一个词，叫病毒式扩散，是说一个大家突然关注的消息在互联网上的传播就像病毒一样迅速，抵抗力稍弱的网民极易被传染，几乎同时又像病毒携带者一样传染别人。当下的微博、微信等就集中体现了这样一个特点。从这个意义上讲，不断增强网民的鉴别力、抵抗力、免疫力，不仅是建设网络强国的应有之义，也是打赢舆论战、守住意识形态阵地的需要。

打赢疫情阻击战我们尚需付出艰苦的努力，打赢舆情战役也并非轻而易举。在疫情战役中，我们的敌人和目标都很清楚，我们的指挥也足够有力，我们的队伍也足够强大。但是在舆情战中，情况就复杂得多，常常是敌我并非清晰可见，阵线也未必泾渭分明，如果没有坚定的立场、理性的思维、“慢半拍儿”的定力，就难免被舆论所裹挟，从而成为雪后打滑的公共汽车里的一名乘客。

雪后打滑有自然客观的原因，我们无法阻止老天刮风下雪降温，但是我们完全可以提前预警，做好防范化解工作。雪后打滑更有工作上的问题，我们完全可以及时清理路面，做好融雪化冰，让道路更通畅，车子更平稳，乘客更舒适。解决雪后打滑带来的问题很重要，解决产生雪后打滑现象问题的原因更根本、更关键。

正如大家所看到的，经中共中央批准，国家监察委员会派出的调查组已经抵达武汉，就群众反映的涉及李文亮医生的有关问题作全面调查，这既体现了对人民生命的高度重视，也体现了对网络民意的深切回应，相信随着调查结果的公布，广大网民所关心的所有问题，都会得到满意的解答。也正如大家所看到的，随着疫情防控的总体战进入总决战，我们的攻防越来越有序、有力、有效，这充分说明我们的制度优势得到释放和发挥，也集中展现出我们对解决强国复兴征程上急难险重问题的高超智慧。

本文原载于《学习时报》2020年2月10日

做好打赢疫情防控阻击战的舆论引导工作

当前，疫情防控处于胶着对垒状态，打赢疫情防控阻击战进入最吃劲的关键阶段，习近平总书记2月10日在北京调研指导疫情防控工作并召开视频会议，作出“要加强舆论引导工作”的重要指示。这一指示有很强的针对性和指导性，认真学习领会、深入贯彻落实习近平总书记的重要指示精神，是当前新闻舆论战线最重要的任务，也是打赢疫情防控阻击战的迫切之需。

1月31日中宣部在京召开专题视频会议，研究部署疫情防控的宣传引导工作，强调要深入学习宣传贯彻习近平总书记重要指示精神，加大权威信息发布力度，加强政策措施宣传解读，持续振奋精神、凝聚力量，为打赢疫情防控阻击战提供有力舆论支持。

连日来，新闻舆论工作者与广大医务工作者、人民解放军指战员以及各方面人员，在武汉，在湖北，在全国各地，肩并肩，共战斗，始终奋战在疫情防控第一线，不辞辛苦，不惧风险，采写刊播了一系列鼓舞人心、感人肺腑的报道，增强了全国人民战胜疫情的决心和信心。在这关键时刻，习近平总书记的最新指示既是对新闻舆论工作者的巨大鼓舞，也是对做好舆论引导工作的进一步要求，同时也吹响了新闻舆论队伍打赢疫情防控人民战争、总体战、阻击战的冲锋号，必将进一步营造出万众一心阻击疫情的舆论氛围，凝聚起众志成城、共克时艰的强大正能量。

加强舆论引导工作，首先要深入宣传党中央决策部署，宣传习近平总书记的系列重要讲话和指示精神。疫情发生以来，习近平总书记先后三次主持召开中央政治局常委会会议，主持召开中央全面依法治国委员会第三次会议，调研指导北京市疫情防控工作并召开视频会议，发表重要讲话，作出重要指示。从某种意义上讲，这些讲话和指示就是来自战役最高指挥部的最高命令，是各级各地打好打赢疫情防控阻击战的根本遵循。广大新闻舆论工作者要充分认识到肩负的责任、使命和任务，在全面准确理解的基础上深入宣传习近平总书记系列重要讲话和指示精神。同时把习近平总书记对疫情严重地区人民群众的牵挂和关心、对奋战在抗疫第一线的党员干部的鼓励和关爱，及时传递到每一个地方、每一个人。

加强舆论引导工作，要深入宣传一方有难、八方支援的大爱精神。在我们社会主义国家，在中国共产党的领导下，每一个地方既是一个局部，又是整体和全局的有机组成部分，在党中央统一领导下坚持全国一盘棋，在关键时刻，特别是在灾难当头，这一无可比拟的制度优势就会充分显现出来、发挥出来。我们看到，在湖北和武汉的艰难时刻，全国各地的医护工作者一批又一批迎难而来，武汉、湖北急需的各类物资设备从四面八方驰援而来，特别是，19个省份对口支援湖北省武汉市以外地市，如此人类抗疫救灾史上绝无仅有的壮观场面，彰显的是血浓于水的大爱精神，彰显的是九州一统的大局精神。

加强舆论引导工作，要深入宣传一线医务工作者、基层干部、公安民警、社区工作者、志愿者等的感人事迹，展现全国各族人民坚定信心、同舟共济的坚强意志。春节本来是中国人民最喜庆、最欢乐的日子，但是这个春节里，很多人常常沉浸在泪水里，甚至一天流几次眼泪，他们是被感动的，被我们的医务工作者、基层干部等所感动。我们说这是一场人民战争，就是说这是一场在党的领导下依靠人民的战争，是一场在党的领导下依靠人民打赢的战争。此时的人民，再不是一个概念，一句口号，而是冲锋陷阵的一个个具体的生动的人，是一个个普通而又不普通、平凡而又不平凡的人的集合体。依靠这样的人民，我们打出了一个新中国；有了这样的人民，我们还有什么疫情防控阻击战打不赢？

加强舆论引导工作，还要及时发布权威信息，公开透明回应群众关切，增强舆情引导的针对性和有效性。新闻媒体还要加大对传染病防治法和防控知识的宣传教育，引导全社会依法防控，提高人民群众自我防护能力。

“胶着对垒”，是习近平总书记对当前疫情防控形势的重大判断。在这样的形势下，舆论引导至关重要，加强舆论引导工作意义重大。我们要牢记习近平总书记的嘱托，把做好疫情防控阻击战中的舆论引导工作，作为检验新闻舆论战线“不忘初心、牢记使命”主题教育成果的试金石，作为新闻工作者践行“四力”的主阵地，为最终打赢疫情防控阻击战贡献自己的力量。

本文原载于《学习时报》2020年2月14日

让汉语更多地“进入”英语

——加强和改进国际传播的一个视角

加强和改进国际传播，无论如何离不开载体，这个载体就是语言，进一步说就是英语。全球人口70多亿，哪种语言使用的人最多呢？是汉语。但是哪种语言影响最大呢？我们不得不承认，是英语。全球有5000多种语言，英语具有最广泛的国际影响力，不仅使用的国家多（以英语作为官方语言的国家大约有40多个，约占所有国家的20%），信息存储广（互联网上存储的信息中有80%是英文信息，科技出版物70%以上是以英文出版发布的），而且国际传播离不开媒介，国际上有影响力的媒体，绝大部分使用的是英语，每天从早到晚，全世界有影响力的政商人士也绝大多数是用英语来获知新闻和获取信息的。

我们加强和改进国际传播，无论从哪个方面加强，无论向什么方向改进，都面临一个绕不过去的“坎”，就是语言。这是一个基础的问题，也是一个基本的问题。因为基础和基本，往往容易被忽视。无疑，这些年我们在国际传播方面下了很大功夫，也取得较大成效，但是这个基础和基本的问题，却消解了我们的部分效能。很多中国的故事、中国共产党的故事、中国人的故事，我们自己听起来常常受感动、受震撼，为什么外国人听起来却不知所云、模棱两可？除了国家观、民族观、价值观的差异外，语言的转换是有天然障碍的，这是一个不能忽视的事实。

以美国为首的西方世界之所以能够称霸全球，除军事、科技和美元之外，语言是他们的第四张王牌，并早已形成事实上的“语言霸权”，这一霸权的影响力无孔不入，无处不存，防无可防。随着我国综合国力的提升和国际地位的提高，汉语如同人民币一样，在全球的使用范围逐步扩大，影响力也在不断提升，但要取得和英语一样的地位，无疑还有较漫长的路要走。但是我们也不是无可作为，不仅不是无可作为，还应该大有作为，这个作为不是“硬”作，而要“软”作，更要“巧”作。其中，让更多汉语“进入”英语，就是一个可以选择的路径。

其实，英语是一种很开放的语言，我们在学英语的时候，都知道英语的“外来语”之说。所谓外来语，就是一种语言在其发展过程中，从其他语言音译或简单直译而来的词语。实际上，大多数的英语词语都源自其他语言，如拉丁语、德语、法语、希腊语、意大利语等，当然也包括汉语，大约50多个语种。也就是说，如果没有这50多个语种，基本上就没有英语了。

那么，汉语作为外来语，在英语当中是个什么情况呢？两个判断，一是不少。饮食方面有jiaozi（饺子）、tofu（豆腐）等，历史方面有Laozi（老子）、*Tao Te Ching*（《道德经》）等，文化艺术方面有kungfu（功夫）、pingju（评剧）等，科学技术方面有suanpan（算盘）、taikong（太空）等，此外，近年来一些网络流行语被译为英语后，也成为常用表达方式。二是不够。不是一般的不够，而是远远不够，这个不够不仅仅是指数量不够多、速度不够快，还是指在语言的广泛度和深刻度上的不够。这个不够更是指，它与我国的综合国力和国际地位不相匹配。在两个大局的背景下，汉语应更多、更快、更广泛、更深刻地进入英语。

我们不仅看到中国国际地位迅速提高这样一个有利的时代背景，还必须利用汉语的构合特点加快汉语进入英语的步伐。汉语的文字虽然是方块字，但亦是拼音文字，而汉语的拼音与英语的字母在书写上是完全一致的，这为汉语进入英语提供了天然条件，我们应该利用好这一优势，对诸如“小康”等时代感强烈的汉语词汇不再做英文翻译，而是像“豆腐”“功夫”一样，以拼音字的形式直接进入英语。这方面大有文章可做。

文化的交流互鉴，基础是语言的交融互进。语言的发展是一个自然的过程，但是我们在这个自然的过程面前不可太被动，而是要变被动为主动，提高对汉语进入英语重大意义的认识，并把它作为落实加强和改进国际传播工作的一个重要课题抓紧抓好。

本文原载于《学习时报》2021年6月4日

千万不能小看“taikonaut”这个词

2021年6月17日，中国成功发射神舟十二号载人飞船，成功将三名宇航员送入天和空间站核心舱。连日来，网络新媒体以及微信朋友圈一片欢腾，能量爆棚。不仅如此，此次发射还引起世界关注，欧洲航天局和俄罗斯联邦航天局等接连在推特上发来祝贺。法新社等国际媒体给予报道。在海外反应中，我国重要外宣媒体中国日报从中发现一个细微的却不能忽视的变化，他们在使用宇航员这个词的时候，用的是taikonaut，而不是astronaut。

那么这两个词有什么区别吗？单从词义上讲没有什么区别，但是从意义上讲区别就大了。我清楚地记得，我们这一代人学英语的时候，宇航员的英文只有astronaut而没有taikonaut。既然都是指“宇航员”，有了astronaut，为什么又会有taikonaut？原来taikonaut是一个典型的中英文词，它是由中文“太空”的拼音和英文单词astronaut混合而成的拼缀词，也是汉语进入英语的最具代表性的案例之一。它的汉语意思是宇航员不假，但它是专指中国航天员，而不是指别国航天员。事实上，俄罗斯宇航员也有自己的专用英语单词，同样也是由俄语加英语构成的拼缀词，也是典型的俄英文。

语言的产生和演化是文明交融的结果，宇航员的英文词也不是英语里固有的，而是由希腊语中的astro（星星）和naut（水手、船员）两个单词合成而来的，它的字面含义就是“星际航行者”。改革开放以来，汉语以多种方式更多地进入英语，查据有关词典，taikonaut这个词最早是由一位马来西亚华人于1998年提出来的，10年后才为英文主流媒体所广泛使用，并且为牛津、朗文等权威英文词典所收录，成为汉语国际影响力提升的一个缩影。

时代永远是语言发展的沃土。如果没有我国航天事业的发展，就不会产生这样一个专指中国航天员的英文词，即使拼出来了，不被广泛使用，也会成为一个“僵尸词”。taikonaut一词被外媒广泛使用是在2003年，正是那一年，我国成功发射载人航天飞船神舟五号，杨利伟成为中国进入太空第一人。

随着我国综合国力和国际影响力的提升，我国的话语影响力也在逐步提升。但整体而言，与我国的实力和地位还不相适应，在国际上挨骂和有理说不出的现象还没有从根本上解决，由此，习近平总书记多次发表讲话、作出指示、提出要求。2021年5月31日下午，他又主持中央政治局第三十次集体学习，专门就加强我国国际传播能力建设进行研究、作出部署，明确要求下大气力加强国际传播能力建设，形成同我国综合国力和国际地位相匹配的国际话语权。

从当前国际环境看，提升国际话语权已是一个十分紧迫的重大课题，我们应深刻理解习近平总书记的重要讲话精神，从一项一项具体的工作入手，把这一“国之大者”落实好，尽快改变舆论格局西强我弱的局面。

话语话语，语言是基础，从某种意义上讲，语言强，则话语强，则话语权大。我从“让汉语更多地进入英语”这样一个视角来认识加强和改进国际传播能力建设这样一个大主题，所写评论于2021年6月4日在《学习时报》刊发后，引起相关部门和人士的重视，一些人表示愿意与作者进一步深入探讨。这次神舟十二号载人飞船发射成功，海外媒体广泛使用taikonaut一词，再次启示我们，不管以哪种方式，让汉语进入英语，不仅大有可为，而且必须有所作为。

我国有独特的制度优势，也有无可比拟的发展优势，一些领域已在全球居于领先地位。我们应该有这个意识，也应该有这个机制，在科研论文里、在对外宣介中，用更多新的中英文合成词甚至中文词来构建中国话语权和叙事体系，不断提升汉语的影响力，进而提升国际话语权。

本文原载于《学习时报》2021年6月23日

百年大党以中共中央名义举行首场新闻发布会，意义不同寻常

2020年10月30日上午介绍党的十九届五中全会精神的新闻发布会，由中共中央举行，这是中国共产党建立近百年来、在全国执政70多年来的首次。正如中宣部徐麟副部长所说，建立中共中央新闻发布制度，是在中国特色社会主义进入新时代的历史条件下，适应形势发展和时代要求，坚持和加强党的全面领导，提高党的治国理政能力的重要制度安排和制度创新。也就是说，这不仅仅是一场新闻发布会，而是上升到坚持和加强党的全面领导、提高党的治国理政能力的制度建设层面。这一制度安排和创新，虽然不是五中全会的内容，但是它伴随五中全会而来、而建立，不是偶然的，它具有不同寻常的意义，也必然是一项长期坚持的党内制度。

这一制度的建立，充分彰显了中国共产党的高度自信。中国共产党经过28年浴血奋战，建立了中华人民共和国，又经过70多年的艰苦奋斗，取得了举世瞩目的“两大奇迹”，特别是经过将近一年来的抗疫斗争实践，世界上没有哪一个政党可以有底气

像中国共产党这样充满自信。总书记指出，中国共产党是世界上最大的政党，大就要有大的样子。这大的样子，我理解，首先就是自信的样子。建立中共中央新闻发布制度，以中共中央名义对党的重大决定、重要政策、重要事项进行新闻发布，就是这种大而自信的样子的具体展示和体现。

为中国人民谋幸福，为中华民族谋复兴，是中国共产党人的初心和使命。同时，中国共产党又始终把为人类作出新的更大的贡献作为自己的使命。在世界面临百年未有之大变局的时代背景下，世界更加关注中国方案、中国经验、中国实践，更加关注世界上最大的政党是怎么治理、又是怎么治理世界上人口最多的国家的，特别是更加关注甚至是刮目为什么还治理得这么好？现在世界绝大多数国家和政党都转而以积极的目光和态度，迫切探寻中国共产党的治理“密码”。中共中央新闻发布制度的建立表明，中国共产党没有什么“密码”，只有“明码”，中国共产党完全可以以更加开放、更加开明的姿态展示给世界，只要你愿意倾听。

习近平总书记要求我们讲好中国故事，讲好中国共产党的故事。讲好中国故事首先就要讲好中国共产党的故事。正确地讲中国共产党的故事的人越多越好，而且无疑，中国共产党的最高委员会讲中国共产党自己的故事，最有权威性、最有吸引力、最有影响力。

本文原载于《学习时报》2020年10月30日

向《人世间》学改文风

《人世间》第52集有这样一个情节：秉昆从监狱出来，生活艰难，创业不顺，一时有些心灰意冷。屋漏偏逢连夜雨，老房子夜里还真漏雨了，郑娟赶紧拿脸盆接雨。这时候，秉昆像是对郑娟、又像是对自己，说了一段话：“有时候想啊，人这辈子活着啥意思。跳出来看啊，觉得有时候这人，跟那动物跟植物，跟个蚂蚁跟个树叶没啥区别。以前啊，我看那蚂蚁我就说这蚂蚁这跑来跑去的，有啥意义呢？它们知道自己为啥活吗？现在一看，你说这天上有个眼睛看咱俩这样，估计也得这么想，你们为啥活呀？活得有意思吗？愁，天天愁，愁这个愁那个，没结婚愁结婚，没孩子愁孩子。等有孩子了，又愁孩子，怕孩子没出息，愁来愁去的有啥意思。人活一世，草木一秋，一辈子就这么过去了。”

这活脱脱一道思想政治工作大考题啊！

作为妻子，郑娟是怎么回应的呢？她说：“反正也睡不着了，咱俩喝点啊？”秉昆有点惊诧，问：“喝啥呀？”郑娟答：“酒呗，喝啥。”秉昆：“干啥呀？”郑娟：“喝点喝点，我早上还买了花生米呢。”起身就去拿酒和花生米。秉昆：“啥时候会喝酒了你呀？”恰这时，电视里传来中国申奥成功的画面和欢呼声……

《人世间》这样令人印象深刻的细节还有不少。一部50多集的大剧，一开始就把观众带入到故事中，让人与剧中人物一起悲喜，一起起伏，不愿离开屏幕半步，这样的电视连续剧近年来不多。特意了解了一下周围的人，追这部剧的既有20世纪五六十年代的过来人，也有90后、00后的年轻人；既有普通群众，也有相当级别的领导干部。这么大面积、大范围的人群同一时间关注同一个故事，估计连创作者都未必想到，也未必敢想。

下那么大的力气拍电视剧的目的是什么？当然是让人看的，即使还有别的目的，那也得通过让人看来实现。从这个角度来说，《人世间》是成功的，甚至是了不起的成功。因为现在人们的注意力、关注度是稀缺资源，能够争夺、占有这一稀缺资源，总是要有些制胜法宝的。

从拍电视剧，想到了写文章。作为多年的编辑，我常常想一个最基本的问题，我们为什么要写文章？或者写文章的目的是什么？可以说出很多的理由，也可以说得很深刻，但是不管什么理由、不管多深刻，你还是绕不过、否定不了一个最简单的道理，写文章是要给人看的。即使还有别的目的，也要通过让人看来实现。但是有些作者偏偏就是要拧着来，辛辛苦苦写的文章就是不想让人看。怎么做到不想让人看呢？采取的办法就是，让你看不下去。

作文和演戏是两回事，也是两个行当。但是从让人看下去这一点来说，他们在目的上又有共同之处。如何让人看下去?《人世间》给我们很多启发，也教给我们很多东西。就拿上面举的那段故事来说，我在观看的时候，一下子就感觉到创作者们的匠心，而这一匠心又是通过演员行云流水的表演自然而然地呈现出来的，没有任何的雕饰感、塑造感，甚至感觉不到演员在表演，而是道法自然，生活就是生活本来的样子。这就像一条山间小溪，你不知道它应该流向哪里，但是它流向哪里，都是它应该流向的地方。《人世间》的成功，如果用一句话来概括，就是依循了生活的逻辑。

俄国文艺理论家车尔尼雪夫斯基有一句名言：艺术来源于生活，却又高于生活。艺术高于生活这是没错的，但高于生活不是高于生活的逻辑，高于生活的逻辑就是脱离生活了，所以艺术不能为艺术而拔高生活，拔高了就有滑向假、大、空的危险。比如，有的影视剧不管什么情景，女演员一律涂成红嘴唇，奔向战场的队伍愣是拍出了舞台走秀的感觉，过度化妆、过度表演完全背离了生活的逻辑。而《人世间》一众明星从头到尾素颜上阵，按照生活的逻辑演绎生活，而不是按照剧本去演戏，更没有生演、硬演、过度表演。一部剧是这样，一篇文章也是这样，如果是生硬地作出来的，就有了假、大、空的倾向，自然就会被读者远离。

周围的人喜爱《人世间》，给出的理由异中有同：不堆砌、不生硬、不拔高、不空洞……哪一条不是我们改文风所要努力的方向呢！

本文原载于《学习时报》2022年4月4日

后　记

收纳在这本书中的短文绝大多数来自《学习时报》的栏目"学习评论"。2016年，我主持《学习时报》工作以来,在一版开设的这一栏目每期一篇，逐渐有了一些影响，2021年这个栏目在中国新闻奖评选中荣获"新闻名专栏"一等奖。书中少部分是为《学习时报》微信公众号和中央党校官微撰写的原创评论，还有几篇是以乌裕尔为笔名在《学习时报》其他版面发的短文。

作　者

2022年9月